U0568963

50个工具玩转项目式学习

50 TOOLS FOR PROJECT BASED LEARNING

罗颖 桑国元 石玉娟 编著

中国人民大学出版社
·北京·

Contents
目 录

第二篇　项目式学习常用工具

序 言

子曰:“工欲善其事，必先利其器。”教师作为专业技术人员，作为教育教学的“工匠”，需要在教育教学工作中“利其器”，才有可能成为一名更加高效、卓越的教师。“器”可以是“硬工具”，也可以是“软工具”。教师使用的电脑、电子互动白板等，属于工作中的“硬工具”。它们延伸的是人的四肢。而硬工具所承载的知识也是工具，是一种“软工具”。具体来讲，“软工具”指的就是图形、文字、数字等信息载体。它们延伸的是人的头脑。在推进项目的过程中，教师如果想开展更高质量的项目式学习(Project Based Learning，简称 PBL)，仅仅有苦干精神还不够，还要有得心应手的专业工具。专业工具的优劣往往决定着 PBL 质量的高低。本书作者团队希望通过为广大教师提供开展 PBL 所需的一系列高质量、专业化工具，帮助每一位教师和学生进行高质量的 PBL。

PBL 是一种教和学的新理念、新方式。在开展 PBL 的过程中，学生在教师的帮助下，面对来自真实世界、充满挑战的项目任务，进行一定周期的探究、合作学习，完成项目任务，获得知识、技能、素养的协调发展。PBL 鼓励学生探究和解决真实的、复杂的问题，并从中获得知识和技能。PBL 是基于学科又超越学科的综合性学习方式，是与真实世界和实际生活紧密联系的学习方式，是旨在变革人类生存和生活空间的深度学习过程。可以说，PBL 在核心素养落地方面拥有独特的先天优势与价值。PBL 将学生置身于真实情境之中，使其通过合作的方式共同解决复杂的现实问题，并在此过程中学习隐含在问题背后的学科知识、概念与原理，进而走入深度学习。从大量的实践案例可以看出，PBL 充分体现了从“以教师为中心”转向“以学习者为中心”的课堂教学改革旨趣。常规课堂的教学目标、教学内容、师生角色以及学习方式都在发生积极转变，复杂的、开放的、民主的学习过程得到了更高程度的重视。

多年来，北京师范大学项目学习课题组致力于推进以 PBL 为主的教与学方式的创新，在理论研究和实践变革层面打下了较为扎实的基础，取得了一定的成绩。特别是在实践方面，我们在全国建立了初具规模的 PBL 学校联盟，开展了大量面向一线教师的 PBL 工作坊。与我们一起成长的项目式学习教师，一般都能很快“上手”，但苦于没有可以用于搭建学习支架的像样工具。他们在开展 PBL 的过程中，往往“眉毛胡子一把抓”，不能得心应手，甚至会觉得身心疲惫，无暇顾及过程性评价、项目管理、痕迹资料留存等工作，使 PBL 的成效大打折扣。为了帮助教师提升工作效率，我们撰写了这本工具书。它是帮助所有学科、所有学段教师开展 PBL 活动的实用工具书。

本书最大的特色是理论与实践相结合。受多种因素影响，广大一线教师在工作中更重视实践操作，较少站在理论高度看待 PBL 的内涵、流程等。通过本书的阅读，教师能够将实践与理论相结合，从而进一步理解 PBL 的本质，用理论丰富和提升有关实践。

在使用工具时，教师往往较少思考工具本身，而本书有助于教师关注工具的原理和意义，进而帮助教师更好地运用工具。我们希望教师先能真正“读懂”PBL 工具，再在实践中运用，以辅助自己的教育教学活动。本书对引导教师开展高效的 PBL 活动，以及从认知心理学、学习科学的视角重新理解 PBL 及其相关工具有一定的引领作用。

在使用本书的过程中，您也许会发现，有时无法将这些工具直接应用到 PBL 活动中。这是因为，个体在认知、能力及视野方面各有不同，甚至不同的项目对工具的需求也不同。我们的建议是，有的工具您可以“照抄照搬”、直接使用，有的工具则需要您“照猫画虎”、创造性地使用。

欢迎读者提出宝贵意见，帮助我们在未来修订有关内容，“迭代”更高版本的工具宝库。

是为序。

桑国元

2023 年 3 月于北京师范大学

导 论

教育，是一项面向未来的事业。让学生在今天的课堂里习得决胜明天的能力，是每一位教育工作者的职责。世界经济论坛（World Economic Forum）发布了《2020 年未来就业报告》（*The Future of Jobs Report 2020*），其中写道："展望 2025 年，全球就业市场最需要的四类能力包括解决问题能力、自我管理能力、与他人合作的能力、技术使用和发展的能力。"培养学生面向未来的能力是当下教育改革的重要目标，也是项目式学习在最近几年被广泛关注的主要原因。

项目式学习作为一种教与学的方法，能够帮助学习者将所学知识与真实世界建立连接，实现对知识的深度学习和对真实世界的感知、思考和贡献。项目式学习可以使学生在习得知识的同时获得解决问题、自我管理、批判性思维、团队合作等重要能力。这一方法可以应用在从幼儿园到大学的各个学段，可以应用在数学、语文、历史、物理等各个学科的教学中，可以应用在跨学科、主题性的学习中，也可以应用在综合实践、研学活动，甚至是家庭教育中。

在开展项目式学习的十余年间，我们看到了学生在项目式学习过程中的亮眼表现，也看到了项目式学习对学生人生发展的长远影响。项目式学习也许并非帮助学生在短时间内提分的"快餐"，却是可以帮助学生走得更远、走向更精彩人生的"营养餐"。

而这类"营养餐"的烹饪，对"大厨"提出了很高的要求：既要保证口感，又要保证营养；既要满足大多数"食客"的需求，又要兼顾个性化需求。在为上百所学校、数万名一线教师提供了项目式学习的培训和指导后，我们发现项目式学习是创新人才培养的一剂良方，也是中国教育未来发展的驱动力量。越来越多的教师开始尝试这一颇具魅力的教学方式。项目式学习的教学实践已经逐渐向“深水区”迈进。

项目式学习给教师带来的挑战

当远观大海的美好时，我们会忍不住想去海滩踩一踩海水，去“浅水区”看看小鱼小虾。而只有进入“深水区”，我们才会感受到大海的变化多端，也才会有机会看到海底世界的无限美妙。通过一些公开发表的论文或案例，很多教师已经看到了项目式学习的美好，也在教学中有了在“浅水区”踩水的经历。这时我们会发现，与传统教学相比，项目式学习有一些颠覆式的变化，主要表现在以下几个方面。

- 教师不再是知识的传递者，而是项目的引导师。在项目式学习中，教师的角色发生了巨大变化。“学生不会，就问老师要答案”这句话，需要改成“学生不会，就问老师如何找到答案”。
- 学生不再去解决虚构问题，而是要面对真实问题。我们习惯于课本或练习册中应用题式的虚构问题，例如“小明植树”或是“鸡兔同笼”。而项目式学习更倾向于让学生去探究真实问题，例如“环境保护”或“社区问题”。
- 交互和驱动方式发生了改变。以教师讲授为主的课堂是单向传递的模式。即使教师尽力去接收学生的反馈，一个人也无法应对来自三四十人的反馈和个性化需求。项目式学习是多维的、网状的交互模式。每个人在项目中都有清晰的角色和职责。教师与学生、学生与学生、团队与团队之间协同联动，每个人都充满了驱动力。
- 项目结果不是封闭的，而是开放的。有别于常规作业和标准化考试，项目式学习的结果通常没有固定答案。每个个体或是团队，都可以有一套属于自己的解决方案。

- 知识不再以讲授为主，而是靠学生主动探究。项目式学习依然有集体讲授的环节，但这个环节将会出现在学生需要的时刻，而不是教师按照编排好的时间表进行知识灌输。
- 评价方式发生了改变。项目式学习的评价不再只关注作业或是测验成绩，而是更关注表现性任务；不再只关注最终结果或是产品，而是更关注学生在项目过程中的表现和收获。教师不再是唯一的评价者，学生、外部专家和项目受众都可以成为评价者。

已经可以在“深水区”带领学生一起遨游的教师，常常会收获惊喜。项目式学习的真实性和开放性让学生全身心地投入其中，表现出极强的专注力和驱动力，释放出巨大的潜能。项目成果也经常超出教师的预设和想象。

同时，“浅水区”的教师也经常因为无法达到预期的效果而苦恼。他们感到使用项目式学习费时费力却收效甚微，给课堂管理带来了很大挑战，而且他们也会遇到学生兴趣不大、合作质量不佳等情况。原因主要有以下几点。

- 对项目式学习的认识“只见树木，不见森林”。认为项目式学习就是搞搞活动、展示一下学生的作品，而没有意识到项目式学习是一套完整的方法论，需要遵循一系列流程、方法和策略。
- 没有转变为“引导师”的角色。我们常说，“教师要给学生一碗水，自己先要有一桶水”。在过去知识量不大、信息技术不太发达的年代，这个说法确实是真理，因为教师是学生唯一的知识来源，这个来源所传递的信息一定不能错。然而在当今知识爆炸、信息化和数字化的智能时代，学生有非常多的渠道可以找到问题的答案，而他们关心的问题很多是教师无法回答的。在项目式学习中，教师不再是知识的唯一来源。作为项目的“引导师”，教师也不再是那个给予学生“一碗水”的“大水桶”，而是能够带领学生找到水源的引路者。

- 对理念的指导多，对做法的指导少。基于近些年来教育界对项目式学习的关注，学术专著和学术论文等学习资料都丰富了起来，可借鉴的项目式学习实践案例也有很多。教师已经慢慢接受了项目式学习的理念，知道了大海很美，愿意尝试进入“浅水区”。而要进入“深水区”就不是那么容易了，需要系统的训练和具体方法的指导，还需要借助工具来帮助我们抵达更深的海域，看到更美的风景。我们经常收到教师这样的咨询：“六年级语文第二单元，怎么做项目式学习？”或是“我校要开展一次读书活动，怎么做项目式学习？”这就好比站在海边的人在问：“我要找到一只海豚，该怎么办？”而此时，如果我们连游泳都不会，也没有任何救生工具，寻找海豚之旅将变得非常危险。

为了应对进入“深水区”的挑战，教师需要对项目式学习有系统的了解，同时也需要具体的方法和实用的工具。这正是我们写作本书的初衷。

项目式学习工具的意义

在项目式学习中，有很多环节都需要教学工具的辅助和支撑。教学工具就像武林高手手中的那件“称手的兵器”。教师需要好用的工具来帮助自己修炼成为项目式学习高手。这些工具在项目式学习中有如下重要意义。

- 工具是教与学的支架。项目式学习周期中的每个教学环节对于项目式学习新手教师来讲都是非常大的挑战。教师和学生一样，需要支架来帮助自己跳一跳，从而摘到“桃子”。项目式学习工具是教师迅速成长和攻克难关的抓手与利器。

- **工具可以成为项目推动力。**项目式学习遵循一定的流程。想要让各个教学环节平顺地流动起来，需要合理的架构和推动项目前行的力量。一套完整的教学设计和管理工具可以帮助教师搭建起项目的骨架，成为不断推动项目顺利前进的力量。
- **工具可以帮助教师收集评估的证据。**在项目式学习中，评估不再是课程结束后的一次作业或者一张考卷，而是遍布在项目进行过程中。评估的维度很多，需要收集的评估证据也很多，单靠教师的记忆、观察很难捕获全部的有效信息。工具的使用，可以帮助教师收集学生的过程性资料，了解项目进程中的难点和卡点，促进教师和学生、学生和学生之间的网状交互，为项目式学习的多元评价方案提供评估的证据。
- **工具的使用是可迁移的教学能力。**本书所讲授的工具，并不限于在项目式学习中使用。深度学习、探究性学习、研究性学习等以学生为中心的学习方式在教学方法上有很多相通的地方。教师如果找到了“称手的兵器”，就可以把这些方法和工具灵活应用于不同方式的教学。教师对“兵器”的使用达到炉火纯青的水平时，甚至可以将其运用到自己的每一节课中。这也是我们希望教师通过项目式学习能够达到的终极目标：转变我们的课堂，让学生成为学习的主人。

本书的结构

为了解决教师在项目式学习教学实践当中的困惑和难点，本书将围绕项目式学习周期模型和教师在项目式学习中常用的工具展开论述。

项目式学习周期模型

项目式学习周期是指一个完整的项目式学习过程，包括立项组队、计划筹备、项目实施和复盘结项。4 个阶段循环往复，迭代升级，项目管理贯穿始终。项目式学习不是在一节课中完成的，而是在一段时间内完成的。这个时间段可能是一周、一个月，甚至是一个学期。因此在项目开始之前，需要确立高质量的选题并组建团队（立项组队），还需要详细的教学设计和项目进程的规划（计划筹备）。在项目进行中，既需要设计一些课堂学习的课时，也需要让学生进行一些课下的自主探究，甚至需要带学生开展一些实践活动，如研学、参观、做实验等，教师除了讲授外还需要开展更加多样化的教学活动（项目实施）。和传统教学方式相比，项目式学习会花费更多的时间。能否达到更佳的效果，需要多元化的评价来衡量，需要师生共同反思来促进每个人成长（复盘结项）。而这样一个复杂系统的运转，需要有序的、科学的管理（项目管理），才能达到预期目标。项目式学习周期模型能够帮助教师了解项目式学习的完整流程，从全局视角去审视每一个教学环节。

教师在项目式学习中常用的工具

本书精选了在项目式学习周期模型的 4 个阶段中常用且实用的 50 个工具，并对每一个工具进行了详解。下图展示了 4 个阶段与 50 个工具的对应关系（见图 0–1）。

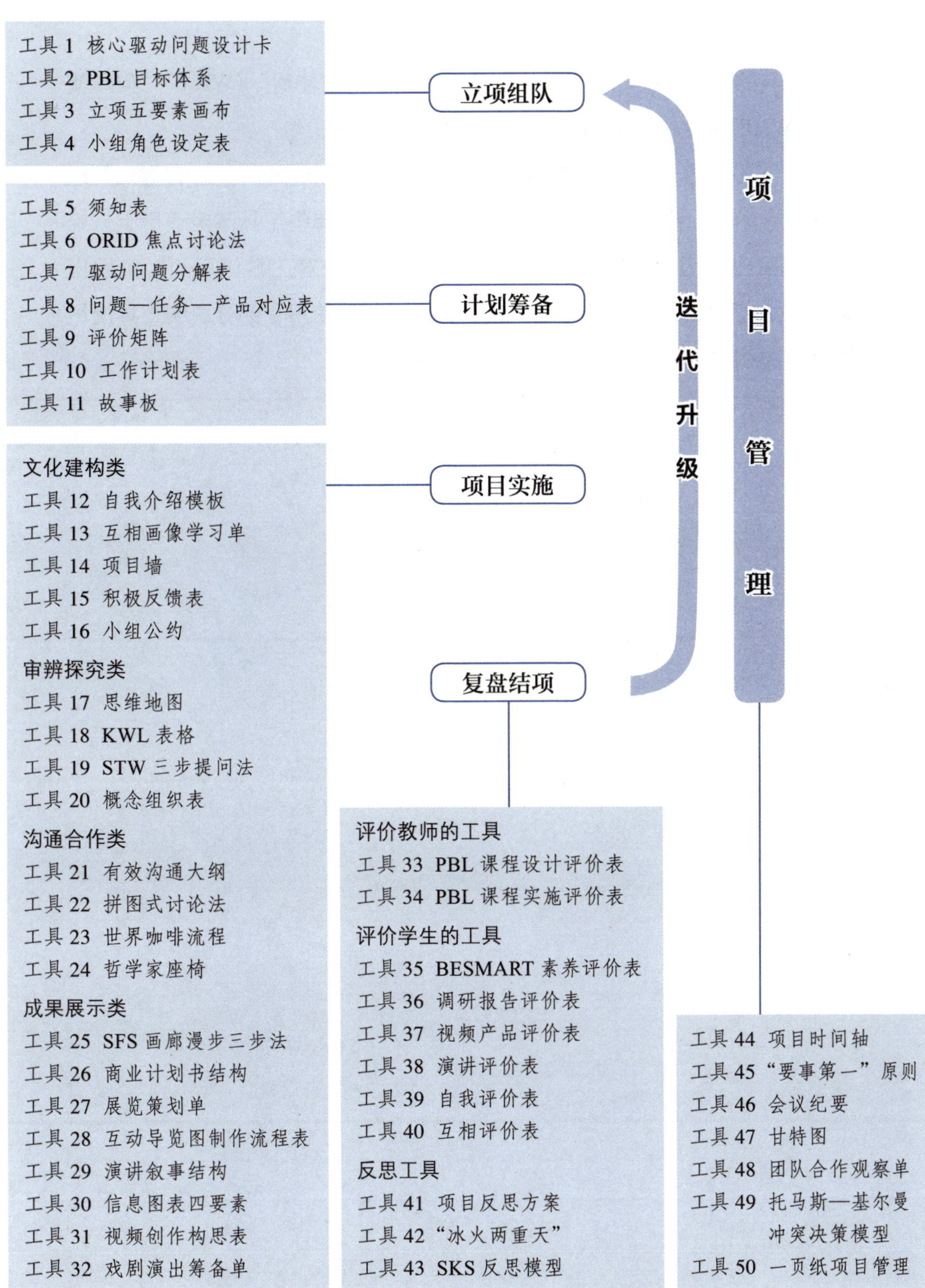

图 0–1 项目式学习 4 个阶段与 50 个工具的对应关系

工具的详解包括“工具式样”（WHAT）“为何使用”（WHY）“何时使用”（WHEN）和“如何使用”（HOW）四个部分。

需要强调的是，工具与所在的项目阶段并非僵化的对应。有些工具适用于特定阶段，有些工具则适用于多个阶段，还有些工具甚至适用于从始至终各阶段。因此，我们会在“何时使用”部分对工具使用的时机做出说明。为了增强工具的实操性，我们会在“如何使用”部分说明工具使用的具体方法和步骤，并搭配教学案例进行说明。

第一篇

培养项目式思维

一、项目式思维——面向真实世界的能力

1. 2008 年：“学霸”为何会“溺亡”在项目的海洋里

2008 年的一天，小 A 走进位于北京国贸的一家全球 500 强企业，成为一名万里挑一的管理培训生。公司很看重包括小 A 在内的这批应届毕业生，为他们安排了长达两个月的带薪入职培训，从产品知识到公司架构，从性格分析到演讲技能，对他们进行全方位培训。顶尖的平台、高额的年薪和完善的员工发展体系，都让小 A 兴奋不已。他怀着满满的期望开始了自己的职业生涯。

没有想到的是，短短 6 个月后，小 A 就愤然离开了这家公司。他自述离开的原因是：“我一个全国排名前十大学的硕士毕业生，不是来这儿给老板端茶倒水、贴发票的！”

我们从小接受的是分科教学，数学、语文、物理、化学等，需要门门拿高分，才能考上理想的大学。在大学里，我们接受的也是分科教学。我们往往学一门，过一门，扔一门，只要成绩单上有漂亮的数字，就可以将其作为找工作的敲门砖。可是走上工作岗位后，我们却发现，没有人给我们时间去学习专项技能，教我们如何做报表、做演示文稿、写报告、跟客户交谈……我们被分配到一个个项目组，结果不达标就被直接淘汰。许多像小 A 这样的“学霸”从小就学会了在知识的海洋里遨游，却在项目的海洋里“溺亡”。

有人为小 A 打抱不平，认为公司让受过多年专业教育的人去贴发票，太浪费人才了。事实真的是这样吗？公司花大力气培养新入职员工，是希望员工来创造价值的。如果小 A 可以迅速跟上团队的步伐，老板也很希望

交给他更加重要的工作。如果换到今天，人们普遍使用电子发票，那么小A连贴发票的机会都没有了。

反过来想，贴发票真的是那么简单的事吗？如果小A能多问几个为什么，他可以学到许多。比如，“为什么要把发票整理后贴在纸上，将原始材料给财务不行吗？”——在这个过程中，他可以学到不少财务知识。“怎么把发票贴得更专业，降低拒票率？”——他可以学习流程管理和时间管理。“为什么这段时间去某地出差的发票特别多，是那里有重要项目吗？有什么我能参与的吗？”——他可以找到加入项目工作的契机……一旦他意识到贴发票并不是一项枯燥的工作，而是复杂项目的一个重要环节，他就会打开一个新的世界，自然不会在入职短短半年后就因为不适应而离开。

公司招人不是在寻找一本移动的“字典”或“教科书”，而是在物色能够为雇主创造价值的人才。在真实的工作场景中，“硬技能”固然重要，但是只有“硬技能”，雇员最多只能达到及格线。包括项目式思维在内的“软技能”，能帮助一个人走向优秀，走向卓越。

2. 2021 年：项目式学习之“故宫十二时辰”

我们再来看看 2021 年的一个教学场景。在北京亦庄实验小学，学生正在分小组进行项目式学习。本次学习的目标是为远在四川大凉山手拉手学校的孩子们讲解北京的故宫。经过调研，学生发现这些偏远山区的小朋友都没有来过北京，更没有去过故宫，但是很希望了解故宫。因此，亦庄实验小学五年级的教师带领学生开展了一项名为“故宫十二时辰”的项目式学习，通过模拟“乾隆皇帝的一天”来了解故宫的建筑、美食、服饰、礼仪等，最后排演了一出大剧《故宫十二时辰》。

建筑小组是负责等比例复原故宫建筑的小分队。小组成员的工作是将故宫的主要大殿复原在一张铺满了整个美术教室地板的故宫缩略图上。这个工作挑战很大，首先他们需要获得准确的建筑数据。通过书籍、文献、互联网，他们查阅了大量信息，但还有一些数据无法找到，例如某个大殿、某根柱子的精确长度。学校安排了故宫专家为学生做讲座，但是专家也无法解答所有问题。于是学生又利用去故宫的现场研学活动，亲自测量和取证，拿到了自己需要的数据。

有了数据，制作建筑模型又是一个新的挑战。学生需要学习比例换算、平面图绘制、立体图形长宽高计算等数学知识，并应用在模型制作中。在期末的学生反思活动中，一位同学真切地分享道："我以前做题很容易粗心，因为我觉得计算错了，用橡皮擦掉重新算就可以了。但是在这次模型制作中，由于我们做屋顶的小组计算错误，制作好的屋顶无法和建筑主体契合，导致全部团队返工重来。我第一次感到细心学习、精准计算是多么重要。"

在这样的项目式学习中，孩子在真实情境中解决真实问题，实现了对知识的深入理解、融会贯通和活学活用。同时，他们的沟通合作能力、领导力、同理心都得到了锻炼。如果这些孩子从小学开始，每年都参与几次这样的项目式学习，他们未来在职场中会走得更远。

从 2008 年到 2021 年，世界发生了很多的变化。反观我们的校园，好像在时代的大潮中波澜不惊。帮助今天的孩子应对未来变幻莫测的世界，具备在真实世界中生存和发展的能力，是教育工作者的重要使命。

3. 这是一个充满"项目"的世界

美国项目管理协会主席保罗·格雷斯（Paul Grace）曾说："当今社会，一切都是项目，一切也将成为项目。"[①] 从举办一次奥运会到举行一

① 项目管理协会. 项目管理知识体系指南：PMBOK指南：第5版[M]. 许江林，等译. 北京：电子工业出版社，2013.

次家宴，从重组并购一家公司到开办一次学校运动会，从规划班级收纳空间到设计疫情之下的新款口罩，“项目”无处不在。

“项目是为创造独特的产品、服务或成果而进行的临时性工作。”[①]（项目的“临时性”是指项目有明确的起点和终点。）也就是说，每一个项目都有明确的目标和受众，需要在一定的时间、资源、人力和成本的限制下，产出解决真实问题的产品或成果。可以说，我们的日常生活、工作和学习都是由一个个大大小小的项目组成的。

一个项目无论大小，都将经历从立项到结项的完整流程。以生活中经常遇到的“举办一次家宴”这个项目为例，从立项开始，我们需要具备同理心，了解受众的需求：“本次家宴都有谁出席？他们有什么饮食偏好？有什么健康方面的需求？”我们需要找到一个合适的团队来开启这项工作：“这次家宴谁来采购？谁来准备菜？谁来掌勺？”我们需要根据时间、资源和成本的限制来对项目进行详细的规划：“我们有多长时间来筹备这次家宴？可以使用哪些易得的食材？我们的预算是多少？”我们需要按照计划有条不紊地实施项目：“家宴筹备组能否各司其职？能否在约定时间内完成家宴的相关工作？”最后结项，我们需要知道这个项目成功与否：“参与家宴的人对菜品是否满意？大家用餐是否愉快？能否留下用餐反馈？”

如果从项目的视角去审视我们正在做的每一项工作，就会发现所有的行为都不是孤立的。我们炒菜的时候发现缺某一食材，应该去思考“这并不是当下环节才出现的问题，而是从制订采购清单时就出现的问题”；当我们要加班到深夜，只为了复印一千份项目材料时，可以想一想“下次是否可以早点准备这样的材料”。这些思考比重复犯错要有意义得多。这就是项目式思维（Project Mindset）。

① 项目管理协会. 项目管理知识体系指南：PMBOK指南：第5版[M]. 许江林，等译. 北京：电子工业出版社，2013.

4. 项目式思维

项目式思维是一种系统性思考的思维方式，可以帮助人们从全局视角来理解每一个看似孤立的事件，并遵循一定的项目流程，通过与他人合作来达成项目目标。项目式思维有五个特点（见图1–1）。

图 1–1 项目式思维的特点

以终为始

明确项目目标，以项目的终点来确定起点。也就是在做任何事情的时候，都要牢记项目目标。目标就像灯塔，指引着项目的方向，使其永不偏航。

注重关联

项目中没有孤立的事件，每一个事件都有起因，也都会引起相应的结果，进而影响后续的项目进程。事件之间往往存在着复杂的因果关系、并列关系或递进关系。只有了解事件之间的关联，才可以更恰当地做出决策。

聚焦问题解决

项目的存在是为了解决真实世界中的问题，因此项目中的事件都不是无缘无故出现的，而是聚焦真实问题的解决。如果一个事件与项目的目标、问题解决毫无关联，在这件事上投入时间和精力就是一种浪费，那么这样的事件或者活动就应该被放弃。

◎ 善用资源

项目的成功执行离不开资源的支持。资源包括时间、物品、人力、金钱等。在用项目式思维思考问题时，项目成员应考虑全盘的资源运用和分配，在有限的条件下争取来自周围最大限度的资源支持，并通过合理分配资源，将局面盘活，而不是走入“死胡同”。

◎ 协同合作

在项目中没有人是单打独斗的，每一个人都将在项目中扮演不同的角色，承担不同的职责。协同工作、合作共赢是贯穿项目始终的重要原则。具备协同合作意识，也会让我们不再孤军奋战，不再轻言放弃，而是能够听取多方意见，和正确的人一起做正确的事。

传统教学方式倡导“十年寒窗苦读，一朝金榜题名”“两耳不闻窗外事，一心只读圣贤书”，导致我们经常把学习当作与真实世界无关的事。这也是许多学子能在封闭的围墙中赢得高分，却无法在真实世界中立足的原因。学生走出校园，才发现这是一个充满“项目”的世界。传统教育让学生学会了在知识的海洋里遨游，但无法让他们在项目的海洋里“畅游”。从小培养学生的项目式思维，是在培养学生面向真实世界的能力。让我们培养的“学霸”们不仅能够赢得高分，还能够运用所学知识去解决真实的问题，这样他们才能成为建设国家的栋梁之材。

二、通过项目式学习培养项目式思维

1. 具备项目式思维的人

具备项目式思维的人，拥有全局观和目标感，会做事，也能成事。无论这个世界将要发生多么不确定的变化，他们都可以轻松应对，决胜未来。具备项目式思维的人会在如下几个方面有突出表现。

◎ 具备社会责任感

项目式思维是一种关注真实世界的能力。拥有项目式思维的人会运用所学知识去解决真实世界的问题。除了学习知识本身，拥有项目式思维的人还会更加关注身边的人和事，关注这个社会，关注我们的国家，关注全人类共同面临的挑战。我们每次做项目，可能只会改变一点点，但就是这一点点的改变，可以让世界变得更美好。

关注并解决真实问题是一种责任担当，更是新时代青年应有的价值观。在探索真实问题的过程中，学生可以获得对自己、对他人和对社会负责的人生体验；在解决真实问题的过程中，学生需要运用同理心，从利己到利他，进而坚定为人民服务的信念；在真实世界的历练中，学生会深度理解遵纪守法、遵守道德规范的重要性，做既守规则，又对社会有贡献的人。“少年强则国强”，从小培养青少年的社会责任感是重要的育人目标。

具备社会责任感的学生具有以下特点：

① 对自己负责，关心集体、社会、国家和世界。

② 能够树立正确的价值观，遵守道德规范。

③ 具备法治意识，积极履行公民义务。

④ 具备文化理解和传承的素养，能够尊重人类优秀文化。

有效沟通与合作

沟通每天都在发生，但是有多少沟通是有效的？沟通方式、沟通时机、沟通内容和沟通节奏的不恰当，可能会导致无效沟通。而无效沟通浪费了我们太多时间。“一个人光有批判性和创造性的思考还不够，还必须能将这种思考的结果向他人进行转达，并能借助任何符合情境的沟通模式来让对方理解其观点的价值。”[①] 具备有效沟通的能力，可以让人提高效率、少走弯路和更受欢迎。沟通必须是双向的。我们经常讲完话就认为自己的观点表达完了，并不关心对方有没有收到。单向的传达不是沟通，是说教。所以沟通之前要先倾听，沟通之后要等反馈。形成完整的沟通闭环后，沟通才可能是有效的。而这个闭环的建立，不是自然而然的过程，而需要习得、练习和反复实践。

团队合作的重要性毋庸置疑。课堂改革中，小组合作学习也提了很多年。是不是几个同学围坐讨论 5—10 分钟，就是小组合作学习了？是不是汇报材料上出现多人的名字，就是团队合作了呢？当然不是。合作的意义在于“你有我没有，你行我不行”，互补是合作的原因，也是合作的基础。

我们需要让孩子在解决真实问题的过程中，按照不同的角色组成小组。每个人在团队中都将承担不同的任务和职责，尽情发挥自己的优势和特长，能够帮助别人，能够为团队真正地创造价值。

具备有效沟通与合作能力的学生具有以下特点：

① 善于倾听和表达，能够吸收他人观点，表达自己的观点。

② 能够通过有效的交流（通知、说服、询问、激励等）达成自己的目的。

③ 能够与他人合作，共同实现一个目标。

---

① 科斯林，纳尔逊. 一所与众不同的大学：密涅瓦大学与高等教育的未来[M]. 沈丹玺，译. 中国人民大学出版社：2021：75.

◈ 自主学习

在这个充满不确定性的时代，“变化”将是永远不变的主题。在学校学到的知识很难指导人们一生的工作。我们经常会梦到高考，重新感受当年备考的压力，却不记得高中学过的知识；我们曾为了在校成绩单拼尽全力，却发现工作多年从未用过试卷上的知识。绝大多数人走上工作岗位后，仍然需要进行大量的学习来适应新的工作。

自主学习能力是一种帮助一个人持续前进的能力。孩子通过良好的自我管理、自我激励、自我调控，可以让学习发生在“舒适区”。自主学习能力强的孩子也会成为主动的快乐学习者和自我驱动的终身学习者。

具备自主学习能力的学生具有以下特点：

① 能够实现良好的目标管理和时间管理。

② 能够独立开展工作并解决问题。

③ 能够主动探索，积极进取，善于反思，自我把关。

◈ 主动探究和实践

当一个人离开学校时，他最应该保留的素养就是对这个世界的好奇心。有好奇心，才会有驱动力，才会有主动性。我们只有始终对这个世界上发生的事情保持好奇，才有动力去探究它、解决它。当每一个人都有解决问题的欲望时，这个世界才充满希望。具备项目式思维的人，都拥有发现高价值问题的眼睛。

发现问题还远远不够，还需要开展持续的探究，使用科学的探究方法，对问题提出合理的猜想和假设，找寻证据，明确观点，拟定解决方案。

只有探究依然不够。具备项目式思维的人都是实践派，会把想法变成现实，将假设、观点、解决方案通过周密的计划和安排，变成行动，并产出外化的产品或成果来解决问题。在探究和实践的过程中实现对知识的深度学习，是培养创新型人才的重要途径。

具备主动探索和实践能力的学生具有以下特点：

① 具备好奇心和主动性。

② 能够保持探究热情，掌握探究方法。

③ 能够积极开展实践活动，在实践中应用知识、验证想法、探索世界。

审美创造

项目式思维是一种结果导向的思维方式，通过可见的项目产品来解决人们面临的问题或挑战。除了项目的最终产品，项目过程中还会生成一系列阶段性产品，可能是一个模型、一份演示文稿或是一张海报。只要有可见的产品产出，对审美的要求就无处不在。每个人都喜欢看制作精美的模型、排版整齐的演示文稿，所以高水准的美学表达，无疑会成为项目产品的加分项。

对美的体验和表达，是创新的源泉。我们为用户研发一款产品或是设计一个方案，演一出话剧或是发表一次演讲，其实都是在通过美学表达传递自己的思想和人生体验。这些表达可能是可看的图片、视频、文字，可听的歌曲、乐曲、配音，也可能是可触摸的材料，可感受的现场氛围。创造成功的项目产品绝对不是复制、粘贴，而是用同理心去理解项目服务对象（用户）的个性化需求，并提供精准服务。其实，每一个项目产品都是一个有创造性的艺术品。

具备审美创造能力的学生具有以下特点：

① 能够通过感受、理解和鉴赏获得审美体验。

② 能够通过语言、艺术和设计等方式来表现美和创造美。

③ 具备用户思维，能够设计对用户友好的产品。

论证和解决问题

项目式思维的核心是解决问题的能力。为了解决问题，我们需要获取信息、筛选信息、验证信息；我们需要具备较高的思维品质，运用分析与综合、比较与分类、归纳与总结等思维方法进行判断或做出决策；我们需要思维缜密，建立发现问题、探究问题和解决问题的逻辑闭环。

解决问题能力强的人具备识别问题本质的能力，能够抓住要害，事半功倍；具备探究精神，能够深挖问题根源，直达本质；习惯以结果为导向，往往能够超出预期地完成任务。

具备论证和解决问题能力的学生具有以下特点：

① 能够运用各类推理手段（归纳、演绎等）进行判断和决策。

② 能够建立发现问题、解决问题的逻辑闭环。

③ 能够在真实情境中建构知识、运用知识。

技术使用和信息素养

现在的未成年人生活在一个被技术和信息包围的时代。曾经非常时尚的“上网”在今天随时随地都可能发生，曾经昂贵的电脑在今天可以被人手一台的智能手机和平板电脑代替。数字化、智能化、虚拟现实、元宇宙……对孩子来说，这是一个信息过载的世界。

技术改变了人们的生活。我们需要引导孩子去认识新技术，拥抱新技术，正确面对新技术给我们带来的便利和弊端。而技术的合理使用，在学校里并不是一门专项课程。在项目实践中，学生需要在不同的场合运用技术，例如查阅资料时，他们需要使用平板电脑、连接互联网，或是在图书管理系统中找到一本书；与同伴沟通时，需要使用聊天软件、电子邮件和网络会议软件等工具；成果发布时，需要使用演示文稿、动画制作或是更加丰富的表现形式。这些都需要技术的支持。因此，在实践性的学习中，技术为学习所用，学生就会逐渐掌握正确、合理使用技术的方法。只要他们对技术有足够的认知，我们就不用担心他们染上网瘾了。

数字化时代的信息爆炸为我们认识世界带来了极大挑战。这对人们的信息素养也提出了较高的要求。信息素养分为两个部分：获取信息和应用信息。当发生一个社会热点问题时，网络上可能会出现几万条评论，代表了多个不同的视角。我们需要教学生获取有价值的信息的能力。只有这样，他们才不会在信息的海洋中迷航。同时，学生把所获取的信息进行筛选后用于学习、交流、合作和解决问题时，信息才能发挥出最大的价值。

具备技术使用能力和信息素养的学生具有以下特点：

① 能够在合适的场合选择合适的技术。

② 能够通过技术手段支持自己的学习和探索。

③ 能够获得信息，并对信息的来源、真伪和可信度进行筛选与判断。

④ 能够应用信息，并利用信息解决问题。

我们将上述能力总结为 PBL 核心素养 —— 未来人才 BESMART[①] 能力模型（见图 1–2）。

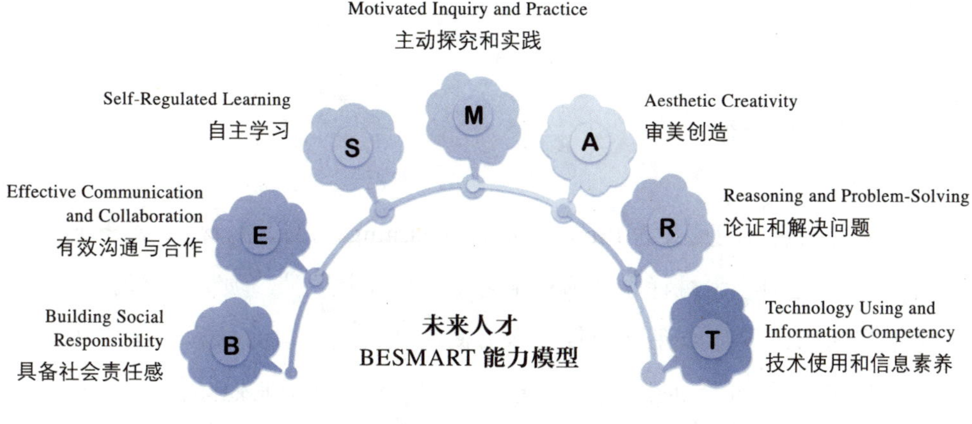

图 1–2　PBL 核心素养 —— BESMART 能力模型

这样的人才该如何培养呢？在传统的分科教学中，不同学科的知识之间筑起了厚厚的围墙。学科之间缺乏整体性和系统性的联系。同时，学生迫于学业的压力，把大量的时间花费在“反复操练”上，不仅没有培养出核心素养，而且其认知方式一直停留在低层次的重复上，无法进行大概念的构建和有意义的学习。我们非常需要能够帮助学习者打破学科壁垒，建构起知识与知识之间、知识与真实世界之间关联的学习方式。《义务教育课程方案（2022 年版）》提出，要“注重培养学生在真实情境中综合运用

① 取每个能力英文的首字母，将其缩写为 BESMART，方便记忆。

知识解决问题的能力”，倡导“做中学”“用中学”“创中学”，“探索大单元教学，积极开展主题化、项目式学习等综合性教学活动”。

《义务教育课程方案（2022 年版）》提出，要“聚焦中国学生发展核心素养，培养学生适应未来发展的正确价值观、必备品格和关键能力”。中国学生发展核心素养体现了中国教育对人才培养的总体要求。同时，在 2022 年版义务教育各课程标准中，每个学科都提出了将“学科核心素养”作为本学科教学的育人目标。而培养“具备项目式思维的人”所要求的 BESMART 能力，就是项目式学习的育人目标。

2. 项目式学习

项目式学习的英文为 Project Based Learning，可以直译为“基于项目的学习”，也有学者翻译为“项目学习”“项目制学习”“项目化学习”等。为了与国家课程标准保持一致，本书使用在《义务教育课程方案（2022 年版）》中使用的“项目式学习”这一名称，其内涵与其他译名并无差别。

项目式学习是一种基于建构主义的教学和学习方法论，是一个以项目为载体的系统化学习模型。学生通过参与一系列复杂的学习任务，来解决真实世界中的问题，在解决问题的过程中实现对知识的深度学习和素养的全面提升。

在这个定义中，有这样几个关键词需要解读。

建构主义

建构主义是项目式学习的理论基础之一。建构主义认为，学习者的学习是在自己已有知识经验基础之上进行主动建构的过程。换句话说，每一位学习者在同样的学习环境中可能建构出不同的学习结果。在项目式学习中，我们鼓励学生对同一问题提出不同的解决方案，鼓励学生根据自己的兴趣和特长扮演不同的团队角色。这些都是建构主义的体现。

项目

很多教师对项目式学习及相近的概念分辨不清，例如“问题式学习”“研究性学习”“探究性学习”和“现象式学习”等。这些概念均有相通的地方，例如鼓励合作学习、关注问题解决和提倡主动学习等。其实从字面上便可看出，项目式学习是以“项目”为载体，其过程本身需要经历一个完整的项目周期，注重团队合作、项目成果的展示及真实问题的解决。

系统化

系统化的学习有别于单一的学习活动，例如学习一篇课文、去一次图书馆或完成一套数学练习题等。这些看似不相关的学习活动，在一个项目中有机地融合起来，构建成一个系统去解决问题。每个学习活动都不是孤立的，而是系统中的一个环节。

复杂的学习任务

不同于简单的学习任务，例如抄写、背诵和口算等，项目式学习指向问题解决的设计、计划、决策、执行、交流结果等复杂的任务。这些任务往往需要学生去主动探究和组建团队进行合作。

解决真实世界中的问题

项目式学习聚焦真实问题的解决，鼓励学习者去发现真实世界中有待解决的、有价值的问题。问题的解决还可能带来真实世界的改变或改善。真实问题需要从学生视角去发现，有别于应用题式的“虚拟问题情境”，例如“小明春游时去划船”。有的小学生还没亲眼见过船，而且新冠疫情期间大多数学校也取消了春游和秋游。真实问题也有别于成人关心而学生不感兴趣的“无聊问题”，例如“如何体会诗歌之魂”。真实问题还有别于学生的生活中不会发生的“伪真实问题”，例如“浴缸同时注水、放水，何时灌满”的问题。

◎ 深度学习

参考美国教育评价专家诺曼·韦伯（Norman Webb）提出的知识深度层级（Depth of Knowledge，简称 DOK），项目式学习不是为简单的“回忆和重现”而服务的教学方式，而是致力于让学生在真实的问题情境中活学活用“技能和概念”，运用“策略性思考和推理”去解决问题，通过实践、探索和验证向“拓展性思考”的层级进发（见图 1–3）。

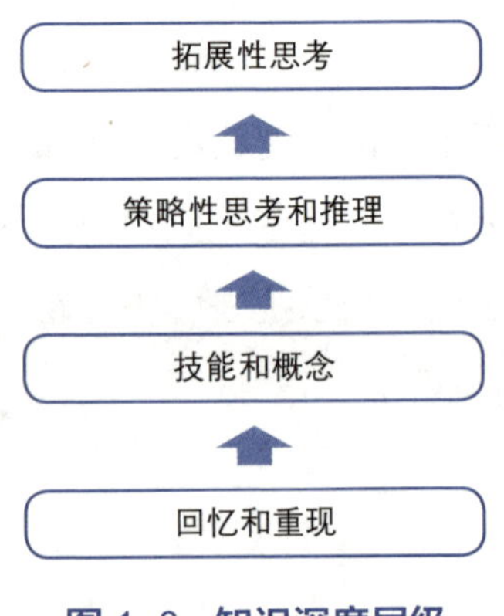

图 1–3 知识深度层级

美国创新教育研究机构 Getting Smart 在一份报告[①]中提出，要培养学生适应这个基于项目的世界，有六个有效途径：①参与真实世界的工作，②当众演讲，③实时反馈，④个性化学习，⑤团队合作，⑥成为项目管理专家。

在项目式学习中，这六个途径是同时打开的，可以让学生在真实问题的解决中学习知识、提升素养，成为未来 BESMART 型人才。本篇第三部分的内容将着重介绍项目式学习的主要环节，以及在这些环节中如何培养学生的项目式思维。

① LATHRAM B, LENZ B, ARK T V. Preparing students for a project-based world[R/OL]. https://www.gettingsmart. com/wp-content/uploads/2016/08/Preparing-Students-for-a-ProjectBasedWorld-FINAL.pdf.

三、项目式学习周期

项目式学习是以项目为载体的学习方式，不论项目大小，都会遵循项目周期的常规流程。伯尼·特里林（Bernie Trilling）和查尔斯·菲德尔（Charles Fadel）在《21 世纪技能：为我们所生存的时代而学习》[①]一书中提出了“项目式学习自行车”模型，将项目式学习的过程分为“定义、筹划、实施和评审”四个阶段。首先，“需要对项目的疑问、难题、关注点或挑战进行定义”。其次，在项目开始前，“需要做大量的筹划工作”，包括准备教学计划、学习计划、工作流程，以及项目所需的设备、资源和人员等。项目开始后，“学习活动必须得到实施，实施结果必须得到记录”。最后，“得到的项目成果需要提交和被评审”，并得到评价和反馈意见。学生吸取的经验教训往往能被应用到下一个项目，从而使学习形成螺旋上升的过程。教师和学生均需要参与所有环节，其阶段（定义、筹划、实施和评审）相同，而用时不同。

如图 1–4 所示，将两个车轮连接起来的支架是项目管理，而且是教师和学生共同参与的协同管理。教师承担着项目经理的角色，统筹项目全局。学生也承担着一些有管理性质的工作，例如团队管理、时间管理、资源管理等。项目需要具有驱动性的问题来把控方向，有待探究的问题和有待解决的问题就像自行车的左右车把不停地做出平衡。座椅的位置表明了师生关系，教师在引领的位置，学生在后面紧紧跟随。里程表代表评价，提示教师何时需要调整车速。车闸代表进程管理和时间管理，项目过程中使用的各种工具，将为自行车换挡变速提供助力。

① 特里林，菲德尔.21世纪技能：为我们所生存的时代而学习[M].洪友，译.天津：天津社会科学院出版社，2011：89-96.

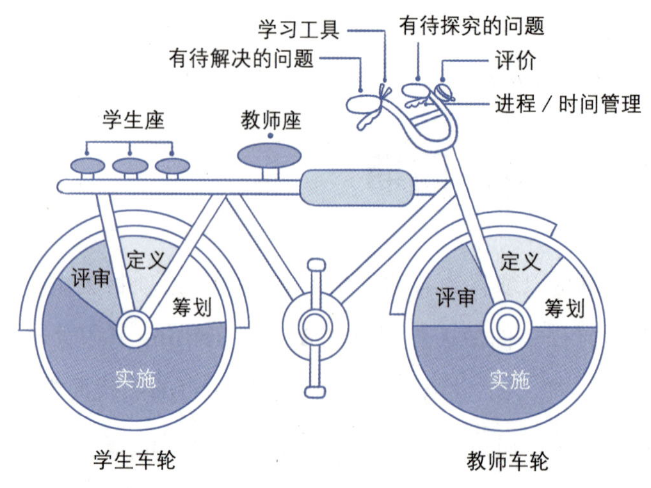

图 1–4 “项目式学习自行车”模型

一旦项目启动，自行车将在一个挑战程度较为适宜的斜坡上前进。它会遇到逆风（如得不到学校和社区的支持）的阻力和顺风（如从学校和社区得到支持）的助力。因此，项目式学习并不是教师和学生个体的事情，而是需要良好的教育生态进行系统支持，从而带领学生到达目的地，也就是习得 21 世纪技能（见图 1–5）。

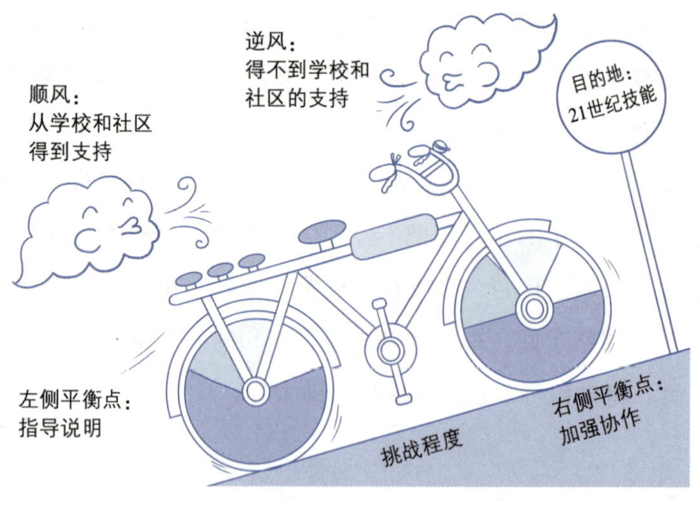

图 1–5 项目式学习生态系统

自行车模型生动、形象、清晰地表述了项目式学习这个共同体中的人、事、物的角色和价值。

在此基础上，我们结合为大量一线教师提供培训和教研的实践经验，提炼出了项目式学习的四大阶段，分别是立项组队、计划筹备、项目实施和复盘结项。四个阶段循环往复，项目管理贯穿始终，形成一个不断迭代、不断升级的项目式学习系统（见图 1–6）。

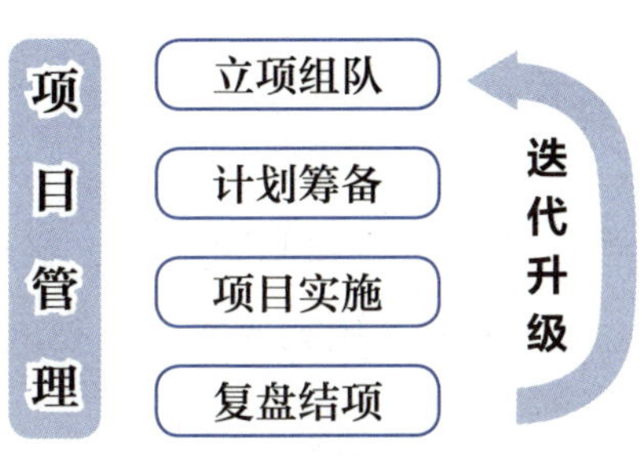

图 1–6　项目式学习四大阶段

在这四个阶段中，大部分项目式学习又有固定的流程和模块。我们总结为八大模块（见图 1–7）。

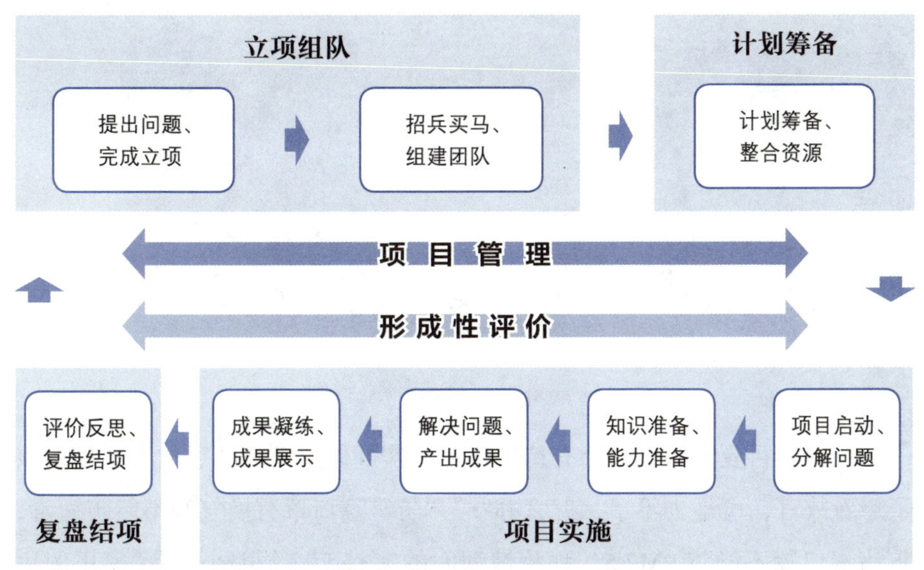

图 1–7　项目式学习八大模块

当然，项目式学习的内容可能涵盖社会生活的方方面面，也会衍生出很多不同的项目类型和实施路径，这些都会导致项目流程的微调或颠覆性的改变。当我们理解了项目式学习的本质时，就会发现，这个流程其实非常灵活、多变。在高手级的项目式学习中，教师能够将所有环节融会贯通，无须刻意遵守僵化的流程。

1. 立项组队——我要做什么

项目开始的第一个阶段便是立项和组队，也就是要回答“做什么、和谁一起做”的问题。立项阶段需要完成两个模块，包含五个要素（见图1–8）。

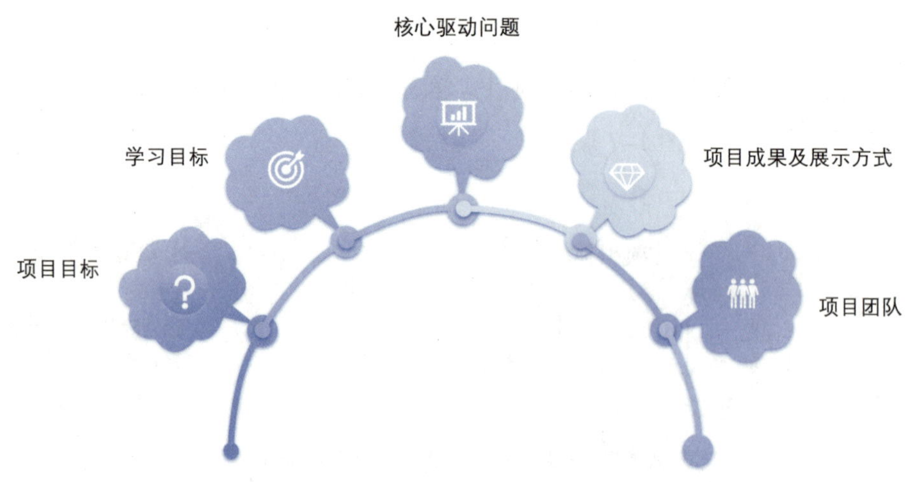

图 1–8　立项五要素

模块一　提出问题、完成立项

任何项目应开始于一个有待解决的真实问题，例如“手拉手学校的孩子想看故宫，可是去不了，怎么办？”“防雾霾口罩有换气阀不能防病毒，防病毒口罩不能防 PM2.5，那疫情期间的雾霾天该戴哪个？”“家里的鱼缸总要定期换水，太麻烦。有没有一种设备可以让人一劳永逸？”首先我们需要把真实问题转化为项目的“核心驱动问题”（具体方法参阅工具 1），并进一步思考项目预期达成的目标和产出的成果。以“故宫十二时辰”项目为例，先确定“做什么”（见表 1–1）。

表 1–1 “故宫十二时辰”项目——确定“做什么”

有待解决的问题 **（核心驱动问题）**	手拉手学校的同学们希望能够游览故宫。如何在他们无法到达北京的情况下，为他们开展一次故宫云游览呢？
需要达成的目标 **（项目目标）**	帮助手拉手学校的学生了解故宫
预计产出的成果及展示方式 **（项目成果及展示方式）**	以模拟“乾隆皇帝的一天”来了解故宫的建筑、美食、服饰、礼仪等，组织一场戏剧演出——《故宫十二时辰》。

在参加了国际竞赛并获得佳绩的“酥油花”项目[①]中，核心驱动问题就源自一次普通的交谈。来自青海的老师和来自长沙的老师在一次会议中相遇。长沙的老师问道：“西宁塔尔寺的酥油花真神奇，用酥油做的艺术品居然可以不褪色，不变质。这是为什么？”青海的老师感到很惭愧，“作为本地人，我居然不知道”。于是一个真实的核心驱动问题——“来自高原的酥油花，到底有什么魅力？”就应运而生。回到青海后，这位老师研究后发现，酥油花的制作既和小学科学课程中的植物染色内容相关，又和语文教学中的传统文化内容相关。同时，本地的小朋友有前往塔尔寺做实地观察和访谈的有利条件。一个项目式学习选题就这样诞生了！这位老师决定带学生对酥油花开展研究，并请他们自己制作一本介绍酥油花的书，向更多的人科普酥油花。一次关于酥油花的项目式学习就拉开了序幕。

① 该项目指导教师为田科。

◎模块二　招兵买马、组建团队

项目式学习以“项目”为载体，落点则需要回到“学习”。因此在一个项目开始之前有一件非常重要的工作，就是确定项目的学习目标，包括课程目标和项目式学习核心素养目标。明确通过本次项目式学习，学生将落实哪些课程知识的学习，提升哪些相关的项目式学习素养。

接下来就需要做学情分析，综合考虑参与项目的学生的年龄段、知识水平、能力水平等，看他们是否可以执行这样的项目。在传统的单科教学中，大部分教学活动都是教师自己开展的，而项目式学习经常需要“团队作战”。根据项目的进展，教师经常需要其他学科老师的支持，也可能需要行业专家的外部支持。例如在故宫项目中，语文、数学、美术老师都参与到了项目组中；学校还邀请了故宫博物院宣传教育部的专家来做讲座和答疑，作为这个项目重要的外援（见表1–2）。因此，组建团队不仅是组建学生团队，还要组建教师团队。

表 1–2 “故宫十二时辰”项目——学习目标和项目团队

学习目标	课程目标： 比例尺换算、绘图、模型制作； 戏剧剧本撰写； 研究报告撰写； 了解故宫的礼仪、服饰、美食和建筑等传统文化知识。 PBL 核心素养目标： 培养社会责任感； 有效沟通与合作。
项目团队	学生：北京亦庄实验小学五年级全体学生。 教师：五年级 PBL 核心团队包括语文老师、数学老师、美术老师、戏剧老师和各班班主任。 外援：故宫专家、戏剧指导老师。

又如在“酥油花”项目中，因为项目涉及的知识能够与四年级科学课和语文课的进度自然匹配，所以教师选择四年级的学生参与这个项目。同

时，这个项目的特点还决定了项目任务开展的形式：学生需要通过团队合作来开展实地的调研活动，需要通过演讲来展示、推广他们的图书。这样一来，项目的目标体系就很容易确定下来了。

教师团队锁定了语文老师和科学老师之后，一个难题摆在大家面前。由于酥油花的制作工艺非常专业，师生需要专家来答疑。同时，教师想让学生参加一项国际竞赛，而国际竞赛的参赛语言是英语，这对青海团队的师生们来说几乎是不可能完成的任务。教师请到了一位长沙的英语老师来帮忙。于是，一个跨省组建团队的项目诞生了：青海的同学负责收集第一手资料，长沙的同学负责项目资料的翻译。这个优势互补、跨地域合作，又聚焦中国传统文化的项目得到了国际评委的一致好评。

经过这两个模块的准备，教师完成了立项组队阶段五个要素的梳理（参阅工具 3），为后续环节做好了准备。

2. 计划筹备——我要怎么做

计划阶段，通俗一点讲就是解决"我要怎么做"的问题。在这个阶段，我们需要重点关注三件事：问题拆解、制订计划、整合资源。

模块三　计划筹备、整合资源

第一，我们需要对核心驱动问题进行拆解（参阅工具 5 和工具 6），生成由分解驱动问题组成的问题链（参阅工具 7）。项目式学习具备"问题驱动"的特点，各个教学和学习的环节就是被这样的一个个驱动问题推动向前的。为了解决这些分解驱动问题，教师需要组织学生开展相应的教学活动（主任务），生成相应的学习成果。

通过问题—任务—产品之间的对应关系（参阅工具 8），我们可以把驱动问题—教学活动—学习成果串联起来（见图 1–9）。表 1–3 呈现了"故宫十二时辰"项目中"问题—任务—产品"的对应关系。

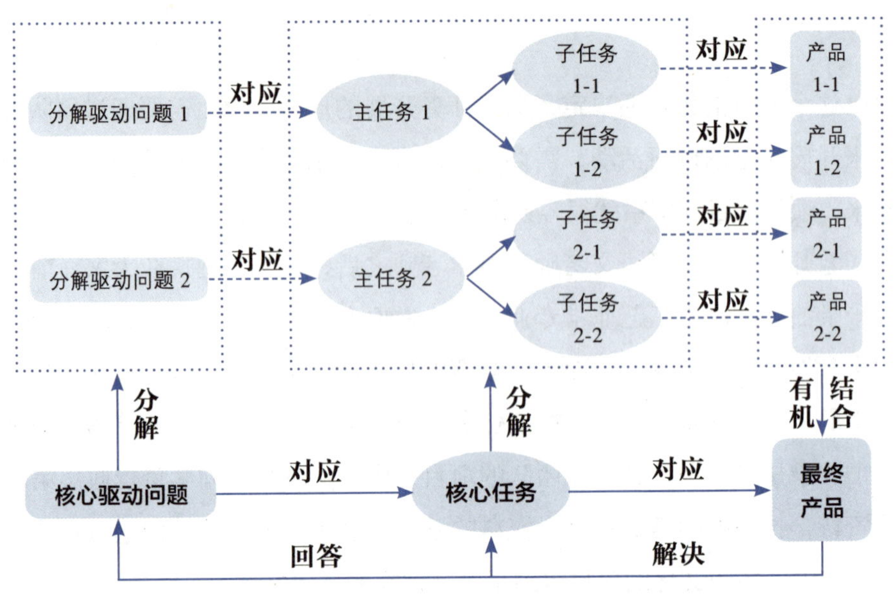

图 1–9 “问题—任务—产品”的对应关系

表 1–3 “故宫十二时辰”项目中“问题—任务—产品”的对应关系

问题		任务	产品
核心驱动问题	如何为手拉手学校的同学们开展一次故宫云游览呢？	筹备并开展云展览	故宫建筑模型 故宫美食模型 故宫主题研究报告 《故宫十二时辰》戏剧展演
分解驱动问题	手拉手学校的同学们希望了解故宫的哪些方面？	开展用户调研	调研报告
	如何设置云展览的内容和形式？	形成云展览方案	云展览方案
	如何筹备云展览？	收集资料 开展研究学习 故宫研学 制作模型 撰写剧本 排演戏剧	研究报告 建筑、美食模型 《故宫十二时辰》剧本 戏剧彩排
	如何给同学们最佳的参展体验？	网络连线开展模型展览 研究报告演讲 戏剧演出	一次通过网络直播的云看展活动

第二，“问题—任务—产品”的对应关系依然是一个框架性的计划，进一步制订详细的工作计划表（参阅工具10），是项目顺利实施的保障。在工作计划表中，我们需要将上一步拆分出来的主任务继续分解，形成子任务。还需要为每一项子任务设定开始和结束的时间，形成项目时间轴。同时，为每一项子任务指定负责人，在项目管理中做到“人人有事做，事事有人管”。

第三，教师应该考虑资源需求。例如在“酥油花”项目中，需要专家资源、研学资源，访谈时需要录音设备，拍摄时需要录像设备等。这些资源都应该在工作计划表中详细列出。只有这样，在项目执行过程中我们才不会因资源短缺带来的项目延期或搁置而乱了阵脚。我们可以单独列出资源需求，也可以将其整合到工作计划表中。

3. 项目实施——我是这样做的

经过了立项组队和计划筹备，教师已经为项目搭建了清晰的框架、制订了详细的工作计划。就像盖一栋大楼，框架结构已经基本成型，接下来就进入项目的主体部分——项目实施阶段。到了这个阶段，学生将成为项目的主力军，教师则须退居二线，承担新的角色。

项目实施阶段，教师的工作包括两个部分——“实施”和“跟进”。关于“实施”，教师将会扮演引导师的角色，支持、引导和帮助学生开展项目，为学生的探究学习提供必要的支架，为学生的问题解决提供方向和引导，在学生遇到困惑、困难和挑战的时候提供必要的协助。关于“跟进”，教师将会扮演观察记录者的角色。首先，观察什么？观察学生的状态、学生的变化和学生的成长，及时提供反馈；观察项目的卡点、痛点和缺点，及时改进和调整。其次，记录什么？记录、收集学生所有的过程性文件，包括阶段性成果和作业；记录学生遇到的问题和需要得到的支持；记录所有的精彩瞬间和沮丧时刻，为项目的迭代和升级做好准备（见表1–4）。

表 1-4 过程性资料举例

项目记录类型	举例	
记忆型	笔记 电话记录 邮件记录 活动总结 照片	会议纪要 工作列表 采访记录 里程碑检查单 日历
思考型	日志 笔记 思维导图 手绘图表	逻辑图 理论依据 会谈或讨论的记录 数学模型
问题解决型	决策树 图表 数据分析 人物关系图	数学模型 概念图 实验结果 路线图

模块四 项目启动、分解问题

项目启动是项目实施的开端，也是每一个项目都需要经历的一个模块。项目启动有三个目的。

第一个目的：激发学生兴趣，让学生对接下来要开展的探究充满期待，或是充满责任感。

这个部分通常用入项活动来实现。入项活动是项目的开端，教师可通过各种有创意的方式进行入项，包括但不限于以下方式。

- 激发责任感。在“酥油花”项目中，教师在入项活动时先向学生展示酥油花工艺品的图片和照片。当学生知道这么精美的工艺品是用我们平时吃的酥油制作的时，都表现出了极大的好奇心。同时，教师告诉学生，酥油花的制作工艺过于复杂，正在慢慢失传，我们要参加一项国际竞赛，这正是宣传酥油花的好机会。这个项目可以让更多的人关注中国传统文化，关注匠人精神。通过这样的入项活动，学生不仅学习了传统文化，更承担起传播传统文化的责任。

- 构建同理心。在一次为听障人群设计某个解决方案的项目中，教师发现健全的学生很难理解听障人群的难处。因此，教师用先播放有声动画片和精彩的直播视频，再播放其消音版本的方式，让学生体验无声世界。有了这样的同理心，学生就能真正从客户视角去思考如何设计更加合理的解决方案。
- 制造认知冲突。在一个为学校设计阅读空间的项目中，教师向学生展示了一些“网红”图书馆的照片。当学生为那么明亮的配色、舒适的座椅而感叹时，教师向他们出示本校简陋的图书馆照片，从而引导学生讨论：“阅读空间如何提升人们的阅读体验？”让学生带着这样的思考进入项目的学习过程。

除此之外，还有很多形式多样、丰富多彩的入项活动，例如组织一次旅行、观看一次演出或是进行游戏化教学等。

第二个目的：分解问题。入项活动之后，教师需要在合适的时机向学生抛出本次项目的“核心驱动问题”。当学生的好奇心和探究欲被激发后，教师就可以带领学生拆解问题。这时，学生分解的问题很有可能和教师在计划筹备阶段分解的问题不尽相同，教师就需要根据学生分解出来的问题进行项目调整。需要调整的可能是预设的分解驱动问题，也可能是项目的核心驱动问题。

第三个目的：达成一致。项目启动会上，教师需要向学生宣布项目的关键信息，包括项目的开始、结束时间，主要的探究活动和项目成果及展示方式等，让学生清楚项目式学习的基本框架和时间轴。学生对未来的学习有所预期，就会减少退出团队或是团队成员目标不一致的情况。同时，项目启动会上还需要进行团队建设，引导学生认领不同的团队角色，并开展团建活动，为项目的顺利进行做好准备。

◎ 模块五 知识准备、能力准备

在学生正式开始项目式学习的探究活动之前，教师需弄清楚，他们是否已经具备相应的能力。在“酥油花”项目中，如果学生不知道酥油花的制作工艺，则无法去探究酥油花的神奇魅力。因此，在知识准备的环节，教师应带领学生阅读相关资料、前往塔尔寺进行研学和访谈专家等。这些活动，都是在做知识准备。

另外，学生的能力准备也是教师必须关注的。例如，教师安排了访谈专家的环节，但是学生从来没有做过专家访谈。这时，教师就需要先让学生了解访谈要做哪些准备，如起草访谈提纲、准备录音设备等。

◎ 模块六 解决问题、产出成果

到了这个阶段，学生将进行自主、探究学习，来解决项目启动时拆解出来的分解驱动问题。在将问题各个击破后，项目的核心驱动问题便迎刃而解，项目的总体目标得以达成。

例如在“酥油花”项目中，学生在了解了酥油花的制作工艺后，还需要完成制作、写作和编辑等学习任务，再总结所有体验，创作一本书，上传到竞赛平台，向全世界展示酥油花的魅力。

从制作开始，学生就遇到了问题。真正的酥油花制作周期很长且制作方法繁杂，于是他们把制作酥油花改成了制作面塑——对应科学课程的学习目标。写作部分，教师对文体不做限制。学生纷纷通过说明文、散文或诗歌等方式来记录想法、抒发感想——对应语文课的学习目标。最后，他们还需要自己设计一本书。图书有哪些要素？如何排版？如何制作？总有新的问题出现，等待着他们去解决。在这个过程中，项目的阶段性成果自然而然地沉淀了下来。

◎ 模块七 成果凝练、成果展示

到了项目的最后，团队需要将阶段性成果进行整合、梳理，并为项目的最终产品而努力。在“酥油花”项目中，最终成果是一本关于酥油花的书。青海团队举行了一场面向全校师生的“新书发布会”。团队代表向全校师生做酥油花主题演讲，并介绍他们的项目成果；长沙团队将书籍内容翻译成英语，用中英双语在国际竞赛平台上提交展示。当最终成果呈现在网络平台后，很多国际友人提出了关于酥油花的疑问，学生又带着这些问题开始了新的研究。

面向公众的成果展示是项目式学习非常重要的特点。这一模块的设置有两个重要意义。首先，一次规模较大、观众较多的展示活动，可以激发学生的热情和潜能。其次，公开展示可以扩大项目影响力，让更多的人看到或听到团队辛苦努力得到的项目成果或产品，增强项目产品对团队、学校、社区，乃至全社会的现实意义。

4. 复盘结项——做得怎么样

模块八　评价反思、复盘结项

项目进展到最后的阶段，复盘结项活动有三个重要的使命。

评价项目效果

从项目目标是否实现、学生的学习目标是否达成两个维度来看项目效果。例如，在“故宫”项目中，教师可以通过收集手拉手学校学生的反馈来评价“帮助手拉手学校的学生了解故宫”这个项目目标是否已达成。而衡量语文、数学、美术、戏剧课程的学习目标以及能力习得目标是否达成，就需要对学生的知识和能力进行评价。需要强调的是，此处所讲的评价是项目式学习的终结性评价，而形成性评价是贯穿始终的。我们在后续关于评价工具的章节还会详述。

开展反思活动

组织项目相关人员进行反思总结，收集多元视角的反馈和建议，用开放的心态对待所有的收获、成果，接受大家的批评和质疑，接纳有建设性的意见和建议，为开展更优质的项目打好基础。同样需要强调的是，虽然我们将反思放在最后一个模块，但是反思活动应该是贯穿始终的。除了项目结束后的反思，在每一个项目里程碑的节点，教师和学生都需要开展阶段性的反思活动。

› 结项具有重要的仪式感

无论对项目团队成员，还是外部利益相关者，结项都是重要的节点。通过结项，我们会清楚地知道做到了什么，没做到什么。无论圆满还是遗憾，都要形成明确的结论和清晰的认知。结项是结束，更是开始。教师可带领团队成员共同期待新的项目。

5. 贯穿始终的项目管理

项目管理贯穿始终，从项目开始到项目结束，甚至项目结束后都在发挥着作用。项目管理是一门博大精深的学问。在真实的工作场景中，项目管理的内涵非常丰富。篇幅所限，本书不对项目管理进行完整的阐述，只提及在教学场景的项目式学习中几个比较常见的项目管理维度。

时间管理

一个项目从立项组队阶段开始，就应预估需要花费的时间。在计划筹备阶段，则需要精细计划所有环节，确定每个环节所需时间、课时等。周密的计划可以确保在学校紧张的教学活动中既有开展项目的充足时间，又不影响其他学习活动。在项目实施阶段，教师不仅要培养自己的时间管理能力，更应培养学生的时间管理能力。确保项目关键环节按计划完成是项目成功的重要保障。在真实的项目中，完成比完美更重要。如果不能按期完成，再完美的成果也会失去价值。

时间管理包括事件的管理和精力的管理。事件的管理需要遵循“要事第一”的原则（参阅工具45），精力的管理则需要教师引导学生将宝贵的精力放在最必要的事情上。在项目式学习中，教师经常会追求项目产品的多元化，认为复杂的、花哨的产品更容易得到认可。其实不然，项目产品的设计需要考虑项目的核心驱动问题，与解决问题有关的产品必然要做好，与解决问题无关又花费时间的产品可以舍弃。例如，在一次以“如何设计我的十一古镇之旅”为核心驱动问题的项目式学习中，学生花了大量时间搜集资料，制作“古镇宣传片”——这里就出现了角色混乱。问题的提出是游客视角，而“古镇宣传片”这个产品是旅游局视角。制作这样的宣传片不仅对解决问题没有帮助，还徒增了很多工作量。教师经常在实施项目时觉得时间不够，其实需要反思的是：我们是不是把宝贵的时间用在了刀刃上？

进程管理

项目式学习又赋予了教师一个新的角色，就是“项目经理”。项目经理需要对项目整体负责，同时又要及时关注项目的进展和状态，即做好进程管理。进程管理中，教师需关注以下三点。

项目时间轴

教师应为项目设计并绘制时间轴（参阅工具44），将其放在教室最显眼的位置。然后时刻关注项目走到了时间轴的哪个位置，就像查看软件安装的进度条一样。教师对项目的超前或延期完成要做到提前预警，并制定应对方案。

项目里程碑

每一个分解驱动问题的解决，便是项目的里程碑事件。在里程碑事件的关键节点，教师可安排项目反思和阶段性评价，用来评估项目进展情况和是否要进行相应的调整。

“捕获”项目成果

在项目的里程碑事件达成时，教师要关注项目阶段性成果的收集和整理。根据阶段性成果的质量来判断项目成果是否能够达到预期，是否需要做出调整，并做好前后环节的衔接和过渡。

◎ 团队管理

团队管理包括教师团队的管理和学生团队的管理。一次项目式学习常常需要学科教师、外部专家甚至是家长参与。这些支持项目的成年人，需要组成一个紧密合作且有默契的团队。作为项目经理，项目负责教师需要对团队成员的优势、时间、贡献、产出和关键任务了然于心，以便合理安排各自的工作。

对于学生团队的管理，教师需要关注两个方面。第一，角色认知。教师需要判断团队中的学生对自己的角色是否有清晰的认知。例如，一个项目团队中有信息收集员、数据分析师、宣讲员，这些角色之间的区别是什么？职责是什么？是否有交叉？如发现学生对角色认知有误，需要及时停下来予以纠正。第二，冲突管理。学生并不是成熟的职场人士，未成年人的思想和行为还不成熟，特别是对自己在意的事情容易情绪化。在项目式学习的课堂中，因为意见相左、资源分配不均、无法获得支持等，团队成员之间难免发生冲突。教师可使用“托马斯 — 基尔曼冲突决策模型”（详见工具 49）引导学生正面理解和处理冲突。

◎ 资源管理

项目式学习中的项目虽然处于教学场景，但是和真实事件中的项目一样，需要人们对项目资源进行科学的规划和管理。资源大体上分为人、物和钱。人的管理是第一要务，可以参见前面所讲的“团队管理”部分。物的管理也非常关键。项目式学习相比常规课堂，对物的需求更加丰富，如绘制海报需要大白纸、彩笔和丙烯颜料等，专家访谈需要拍摄设备、录音设备，戏剧排练需要道具、服装，开展科学实验则需要相应的实验设备……另外，项目式学习还经常需要师生走出校园开展实践活动，那就有研学基地、交通工具等资源需求。教师经常会忽略钱的部分。常规教学往往没有金钱需求，但项目式学习具有实践性、复杂性和产品导向性，经常需要一些资金的支持，哪怕不多，也需要在考虑范围之内。因此在做项目计划时，我们建议教师将预算作为一个专项进行规划。

第二篇

项目式学习常用工具

一、立项组队阶段工具详解

工具 1 核心驱动问题设计卡

<table>
<tr><td rowspan="3">核心驱动问题的结构</td><td>谁?
（本次项目的主体是谁？请填写。）</td><td></td><td rowspan="3">启发区</td></tr>
<tr><td>为谁?
（本项目产品将为谁服务？请填写。）</td><td></td></tr>
<tr><td>解决什么问题?
（本项目的开展解决了什么现实问题？请填写。）</td><td></td></tr>
<tr><td>撰写核心驱动问题</td><td colspan="2">请组织合适的语言来描述核心驱动问题：</td><td rowspan="2">撰写区</td></tr>
<tr><td>修改核心驱动问题</td><td colspan="2">修改后的问题：
第一版
第二版
第三版
…………</td></tr>
<tr><td rowspan="3">核心驱动问题的质量</td><td>有兴趣</td><td>从学生的视角看问题，他们是否有兴趣？如果有，请打钩。</td><td rowspan="3">核定区</td></tr>
<tr><td>有挑战</td><td>从学生的能力看问题，这个问题对他们是否有挑战且可完成？如果有，请打钩。</td></tr>
<tr><td>有意义</td><td>从项目的产出看问题，这个问题的解决是否有现实意义？如果有，请打钩。</td></tr>
</table>

为何使用

核心驱动问题是项目式学习的灵魂。项目式学习所有的教学环节和学习行为都将围绕核心驱动问题展开，项目产品和成果均为回答核心驱动问题服务。核心驱动问题是否得到解决，也是项目评价的重要指标。

这么重要的问题应该由谁来提出呢？如果由学生来提出，可能无法指向教学目标；如果由教师来提出，可能无法回归学生视角。因此，一个好问题的提出不是一次成型的，经常需要反复讨论、修改和迭代，由教师和学生共同完成。

我们习惯了知识讲授的教育方式，往往会忽略提问的力量。一个好问题能够带给学生强烈的探究欲，能够激发学生丰富的想象力。当枯燥的课本内容变为解决问题的利器时，知识就有了生命，学习就有了意义。那么这样的好问题从何而来呢？我们可以从四个方面来考虑（见图 2–1）。

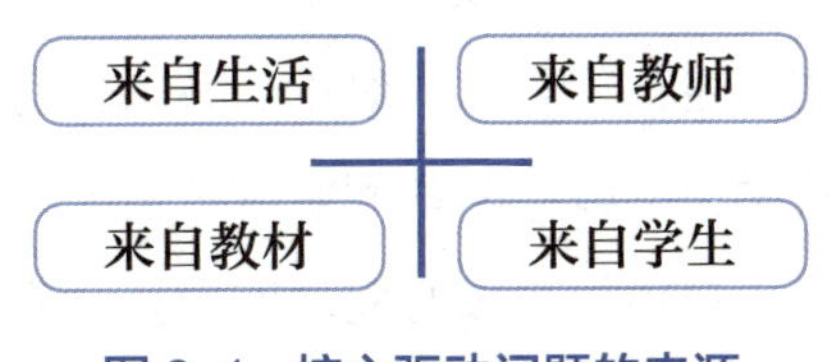

图 2–1　核心驱动问题的来源

来自生活

项目式学习立足解决真实问题，而真实问题往往来自生活。例如，近期要过中秋节，我们是否可以提出和中秋节有关的问题？再如，学校的垃圾投放管理混乱，我们能否提出跟垃圾分类有关的问题？学校门口交通状况很差，这一现象能否成为我们的研究对象？……放眼生活，需要解决的问题太多了。

来自教材

并不是生活中的所有问题都可以成为项目式学习的核心驱动问题。

我们之所以要开展项目式学习，而不是像带学徒一样带着学生做项目，就是因为这个关键词——学习。校园场景中的项目式学习承载着重要的育人目标，因此我们在发现问题的同时，也要紧扣教材。虽然当前教材的编写还是以知识点为基本单位，但是已经体现出单元整合教学的重要特点，因此我们的教材其实就是项目选题的资源库。关键在于，我们需要找到教材内容与真实问题的结合点。例如，北师大版五年级数学教材中有一节课是“包装的学问”。该课让学生在物品包装这个真实场景中去学习立体图形的表面积、体积等知识点。北京市良乡中心小学的数学老师创造性地将这个场景进行了延展，开展了一次“有爱的包装盒”项目式学习，提出“如何为我们喜欢的人选一个礼物，并设计包装盒”的核心驱动问题。

来自教师

虽说理想的项目式学习核心驱动问题应该由教师和学生共同商议提出，但是在真实的教学场景中，教师经常需要在课程开始前备好课。在备课环节，教师难以和学生进行开放式讨论。教师也可以从学校层面开展主题教学。但是项目式学习的核心驱动问题常常需要符合学校课程规划的要求，那么就很难让学生自由提出核心驱动问题。其实由教师来提出核心驱动问题也是可以的，这么做也有很多优势，如教师集体教研得出的核心驱动问题更具备系统性，方便全校开展和统筹资源。但是，教师提出的核心驱动问题必须紧扣教学目标，让学习不偏离教材要求的轨道。例如，在2021年春季学期，长沙市岳麓区实验小学在全校开展“碳中和”主题课程，在北师大项目学习课题组的带领下举办项目式学习教学设计工作坊。在工作坊中，每个年级确定了一个符合该年级学生能力水平和发展目标的核心驱动问题。一年级的核心驱动问题是“作为一年级的一名小学生，我如何让幼儿园小朋友理解‘碳中和’？”三年级的核心驱动问题是“在学校的光盘行动中，盘子为何光不了？”六年级的核心驱动问题是“如何设计一场低碳毕业礼？”……虽然这些核心驱动问题是由教师集体教研确定的，但是充分考虑了学生视角。

◎ 来自学生

最理想的项目式学习核心驱动问题应该来自学生。2021 年秋季学期，温州市第二实验小学以“如何让校园更美好”为主题，向全校师生征集项目式学习核心驱动问题。学生可以提出自己感兴趣的、校园当中有待解决的任何问题。全校共收集到 200 多个问题。教研组先将这些问题进行了筛选、分类、整理，遴选出可行性高、有现实意义的核心驱动问题，再由各个班级认领。“校园中如何减少噪音？”“如何设计一款舒适的阅读垫？”“如何设计班级雨伞收纳器？”……这些来自学生视角的真实问题既鲜活有趣，又激发了学生的探究欲。项目的成果改善了校园人文环境，真正达到了“让校园更美好”的目标。

教师开始转变思路，尝试用“问题”和学生互动，已经比使用传统方式教学前进了一大步。但是这还不够，要想从找到一个项目的若干“问题”中凝练出“核心驱动问题”，我们还需要明确清晰的目标、进行系统化的思考。“核心驱动问题设计卡”就给我们提供了这样一个思考的支架。

“核心驱动问题设计卡”有助于我们规范思考的方向。例如，在设计问题时应当考虑“谁”“为谁”和“解决什么问题”这三个方面，就像我们在做真实项目的时候需要考虑“团队”“客户”和“目标”一样。

“核心驱动问题设计卡”又为我们提供了高质量核心驱动问题的三个重要标准，就是“有兴趣”“有挑战”“有意义”。这三个标志可以作为我们设计问题的核实清单。

何时使用

“核心驱动问题设计卡”可以在第一模块“提出问题、完成立项”中使用。

如何使用

“核心驱动问题设计卡”分为三个部分：启发区、撰写区和核定区。

启发区

在启发区，教师可以从“谁”“为谁”“解决什么问题”三个方面，对自己的项目创意进行系统梳理。对标真实项目中需要考虑的三个要素：团队、客户和目标。

“谁”就是项目式学习的学生团队，也是项目的主体。教师在这里需要做学情分析，考虑学生的年龄段、知识水平、能力水平，以此来判断他们要探究的问题的“挑战性”。

“为谁”就是项目的对象。项目成果的服务对象是谁，受益者是谁。

“解决什么问题”就是项目目标。项目的服务对象有什么痛点，需要解决什么问题？我们的项目可以产出什么成果，是否能为解决问题服务？

例如，在“如何设计一款既防雾霾又防病毒的口罩”这一项目中，项目的主体是小学高段的学生，项目的对象是在有雾霾污染城市中居住的普通民众。在疫情之前，人们在雾霾天会佩戴能够阻止 PM2.5 的防雾霾口罩。为了提高舒适度，防雾霾口罩会配有换气阀。而在新冠疫情期间，人们需要佩戴不带换气阀的医用防病毒口罩，而这类口罩无法阻止 PM2.5。于是在雾霾严重又有新冠疫情的城市，人们需要“既防病毒又防雾霾且舒适的口罩”。在这个问题中，“谁”“为谁”“解决什么问题”三个方面都非常清晰。

撰写区

当启发区的三个问题都思考得比较清楚后，教师可以在撰写区写下自己认为满意的问题。此时，这个问题可能还不是 100 分的最佳问题。教师可以与学生、教研组教师等相关人士一起商讨，不断修改和完善。

核定区

核定区提供了高质量核心驱动问题的三个标准。如果我们要确定一个核心驱动问题，可以用这三个标准来衡量。三个标准均需达成，缺一不可。

"有兴趣"指学生自己对这个问题有兴趣，而不是出于教师的兴趣。学生是项目式学习的主体。教师在提出核心驱动问题时，应当考虑学生的感受。例如，有教师提出"如何高效背古诗"这个问题。如果从教师视角，这真是一个好问题，是所有语文老师都很关心的问题。但是从学生视角，这却是一个让他们看了就害怕的问题。学生的心理活动可能是"老师得让我背多少诗啊"。

"有挑战"指对于项目的主体，即本次项目式学习的学生团队来讲，要解决这个问题是有挑战的。适度的挑战会给人带来激情，带来愉悦，带来探究的欲望。例如，一年级的小朋友提出的"海里的鱼为什么不会迷路？"就是一个特别有童真也有魅力的问题。这个问题对一年级的孩子来说既有兴趣，又有挑战。想知道它的答案，孩子们需要对鱼的"导航"能力做更多的了解和探究。

"有意义"指问题的解决是有现实意义的，受益人群越大，意义越大。例如前面提到的"口罩"的例子，如果这款产品开发出来投入使用，对生活在有雾霾污染城市的人们来说是非常有意义的事情。

因此，在核定区，我们可以用打钩的方式来判断核心驱动问题是否达到了高质量的要求，如图2–2、图2–3、图2–4所示。

如何赢得竞选，成为校长助理？

× □有兴趣
√ □有挑战
× □有意义

有挑战，但是挑战太大。全校参加竞选，最后校长助理只有一人。挑战过大会让学生失去兴趣。同时，因为受益人太少，所以这不是一个有意义的选题。

图 2–2 核心驱动问题示例 1

如何帮助农村做好垃圾分类？

× □有兴趣
√ □有挑战
√ □有意义

有挑战，也很有意义，但是需要考虑"谁"的问题。作为项目的主体，城市里的孩子可能会觉得自己小区的垃圾分类问题还没有解决，为何要去关心远在农村的垃圾分类？如果这个项目在农村学校开展，那么这个问题会是一个好问题。

图 2-3　核心驱动问题示例 2

海里的鱼为什么不会迷路？

√ □有兴趣
√ □有挑战
√ □有意义

对一年级小朋友来说，这个问题既有挑战，又有兴趣，还可以启发孩子进行仿生学领域的探究，非常有现实意义。

图 2-4　核心驱动问题示例 3

工具 2 PBL目标体系

<table>
<tr><th colspan="5">目 标 体 系</th></tr>
<tr><td>项目目标</td><td colspan="4"></td></tr>
<tr><td rowspan="4">课程目标</td><td>年级</td><td>学科</td><td>教材单元</td><td>课标描述</td></tr>
<tr><td></td><td></td><td></td><td></td></tr>
<tr><td></td><td></td><td></td><td></td></tr>
<tr><td></td><td></td><td></td><td></td></tr>
<tr><td rowspan="4">PBL 核心素养目标</td><td colspan="2">BESMART 维度</td><td colspan="2">能力表现</td></tr>
<tr><td colspan="2"></td><td colspan="2"></td></tr>
<tr><td colspan="2"></td><td colspan="2"></td></tr>
<tr><td colspan="2"></td><td colspan="2"></td></tr>
</table>

工具 2 式样

为何使用

目标是项目的终点。就像我们开启一次旅行，到达旅行的目的地就是目标之一。旅行当中我们还会欣赏沿途的风景，体验目的地的风土人情，收获旅途中的所有惊喜，抑或是一些遗憾。

项目式学习中有两个关键词，一个是项目，一个是学习。因此，抵达旅行的目的地，也就是完成项目目标，只是项目式学习的基本要求。另外还有一个更重要的目标，是帮助学生习得知识、提升素养，也就是学习目标。这就需要一个层次分明的目标体系来指引我们前进的方向。同时，该目标体系也是项目评价的依据，教师以目标体系中各项指标的达成情况来衡量项目的质量和成效。

首先是项目目标。由于项目式学习要解决的是真实问题，那么解决核心驱动问题就是项目目标。例如，如果核心驱动问题是“如何设计既防病毒又防雾霾且兼顾舒适的口罩”，项目目标就是设计出这样一款口罩；如果核心驱动问题是“如何培育出高品质的豆芽”，那么培育出高品质豆芽并梳理出培育方法就是项目目标。

其次是学习目标中的课程目标。课程目标体现着项目式学习的育人特征，教师需要清楚在解决真实问题的过程中，课程的育人目标如何实现。教师可以从两个方向来制定课程目标。其一，从教材出发选项目。教师首先确定将哪个学科、哪个单元作为本次项目式学习的重要内容。如前所述，在“有爱的包装盒”项目中，教师从“包装的学问”这个数学实践活动出发，聚焦的知识单元有立体图形表面积、体积的计算。其二，从项目出发与教材对标，寻找真实问题解决过程中的学科教学点。例如，教师和学生发现教室收纳空间不足，这是一个有待解决的真实问题。教材中关于“收纳”的教学内容也非常丰富，例如，语文教材中有《文具的家》《小书包》这样的课文，数学教材中有“分类与整理”单元，道德与法治中有《让我自己来整理》课文，教师可以根据这些教学内容来设置项目的课程目标。此外，还可以关注社会热点问题，例如 2022 年在北京举行的冬奥会。面对这样的大主题，教师可以选择和自己的学科教学内容最相关的知识内容用于开展项目式学习。美术老师可以聚焦冬奥会宣传品的制作，体育老师可以聚焦体育项目和体育精神，数学老师可以聚焦冬奥会赛程的安排，等等。在“怎样组织一次北京冬奥会校园宣传展”项目中，教师根据各学科特点制定课程目标，实现真实问题的解决与学科知识的学习密切结合。

再次是学习目标中的 PBL 核心素养目标，也就是 BESMART 能力模型。PBL 核心素养目标的选择不必面面俱到，我们也不可能在一个项目中全面提升所有七个维度的能力，而且核心素养目标维度太多，会增加后续评价的复杂性。因此教师在制定这个部分的目标时，只需从七项能力中选择与本项目最相关的能力即可，原则上不超过三项。

目标体系的制定，为教师提供了项目式学习的方向。一切教学活动均需围绕目标的达成而设计，不能偏离。教师应避免开展过多与目标体系无关的教学活动，否则会使项目式学习陷入费事、费力但无效的窘境。

何时使用

“PBL 目标体系”的设定在第一模块“提出问题、完成立项”中进行。

如何使用

教师可以按照以下步骤使用 PBL 目标体系这一工具。

第一步，确定项目目标。

以“有爱的包装盒”项目为例。项目需要解决的问题是如何为我爱的人选择礼物，并设计包装盒，且要使用最少的材料来实现环保的目的。项目目标可以这样来描述：“为我爱的人选择礼物，并用最少的材料制作包装盒。”

第二步，确定课程目标。

如何对课程目标进行准确的、明晰的、无歧义的描述，是教师制定目标体系的难点。我们可以通过两方面工作来完成课程目标的撰写。

一方面是查阅教材。

无论是从教材生发出项目，还是从项目对标教材，教师都需要对教材有整体的认识。教师需要跳出单个知识点的教学，从大单元的视角来审视知识和知识之间的联系，从整册书的视角来解读单元与单元之间的联系，甚至从整个学段的视角来考虑不同年级的知识体系是如何螺旋上升的。北京亦庄实验小学特级教师冯慧敏老师曾经说过：“为什么新手教师会比较焦虑于学生对当下知识点的掌握不够扎实，而经验丰富的教师则会淡然处之？就是因为经验丰富的教师心中有六个年级的十二册教材，对教材的知识体系有整体的把握。”

通过了解教材，教师可以锁定本次项目式学习会涉及的新知识、旧知识和拓展性知识，由此来制订自己的教学计划。例如，在“有爱的包装盒”项目中，教师带领的是五年级学生，而平面图的绘制要用到四年级“三视图”的知识内容，属于旧知识，需要复习。另外，长方体表面积和体积计算是五年级的学习内容，属于新知识。同时，有的学生需要把包装盒设计成圆柱体，而圆柱体的表面积和体积计算是六年级的知识点。教师不能因为教材还没有涉及，就限制学生对方案的选择。教师可以将圆柱体的表面积和体积计算作为本次项目的拓展性知识，有需要的同学可以通过微课自行学习，教师进行答疑解惑。

另一方面是查阅课标。

我们经常见到教师按照自己的理解、自己的语言去描述目标体系。这样的描述既不准确，又增加了教师的工作量。其实最简便的方法就是仔细研读国家课程标准，引用课标当中的原话进行描述（示例见表 2–1）。

表 2–1 “有爱的包装盒”项目的课程目标

目标类型	年级	学科	教材单元	课标描述
课程目标	五年级	数学	长方体和正方体	第三学段（5—6 年级） • 探索几何图形面积和体积的计算方法，会计算常见立体图形的体积和表面积。 • 尝试在真实的情境中发现和提出问题，探索运用数学知识解决问题。 • 在解决问题的过程中体验成功的乐趣，体验并欣赏数学美。
	六年级	数学	圆柱与圆锥	

如果教师认为课标中的描述过于笼统，可以在引用原话后，再加上注释和进一步的解读。

第三步，确定 PBL 核心素养目标。

从 BESMART 中挑选与项目最相关的素养维度，并在该能力模型的二级指标（参阅表 2–2）中选择最相关的表述。

表 2-2 BESMART 能力模型二级指标

BESMART 关键能力	学生能力二级指标
具备社会责任感	· 对自己负责，关心集体、国家、社会和世界 · 能够树立正确的价值观，遵守道德规范 · 具备法治意识，积极履行公民义务 · 具有文化理解和传承素养，能够尊重人类优秀文化
有效沟通与合作	· 善于倾听和表达，能够吸收他人观点，表达自己的观点 · 能够通过有效的交流（通知、说服、询问、激励等）达成自己的目的 · 能够与他人合作，共同实现一个目标 · 能够对自己负责，对他人负责，对团队负责
自主学习	· 能够实现良好的目标管理和时间管理 · 能够独立开展工作并解决问题 · 能够主动探索，积极进取，善于反思，自我把关
主动探究和实践	· 具备好奇心和主动性 · 保持探究热情，掌握探究方法 · 积极开展实践活动，在实践中应用知识、验证想法、探索世界
审美创造	· 能够通过感受、理解和鉴赏获得审美体验 · 能够通过语言、艺术和设计等方式来表现美和创造美 · 具备用户思维，能够设计对用户友好的产品
论证和解决问题	· 能够运用各类推理手段（归纳、演绎等）进行判断和决策 · 能够建构发现问题、解决问题的逻辑闭环 · 能够在真实情境中建构知识、运用知识
技术使用和信息素养	· 能够在合适的场合选择合适的技术 · 能够通过技术手段支持自己的学习和探索 · 能够获得信息，并能够对信息的来源、真伪和可信度进行筛选和判断 · 能够应用信息，并通过信息进行交流和解决问题

例如，在“有爱的包装盒”项目中，学生首先需要了解自己送出礼物的对象，甚至要做一些调研和访谈。包装盒的制作是通过小组合作完成的。选择材料、绘制平面图、做出包装盒等环节都需要团队合作，对应“有效

沟通与合作”这个维度。同时，包装盒的创意和美观也特别重要，对应“审美创造”这个维度。该项目的 PBL 核心素养目标见表 2–3。

表 2–3“有爱的包装盒”PBL 核心素养目标

目标类型	BESMART 维度	能力表现
PBL 核心素养目标	有效沟通与合作	· 善于倾听和表达，能够吸收他人观点，表达自己的观点 · 能够通过有效的交流（通知、说服、询问、激励等）达成自己的目的 · 能够与他人合作，共同实现一个目标
	审美创造	· 能够通过语言、艺术和设计等方式来表现美和创造美 · 具备用户思维，能够设计对用户友好的产品

PBL 目标体系非常关键，是后续制定评价矩阵（参阅工具 9）的重要依据。

工具 3 立项五要素画布

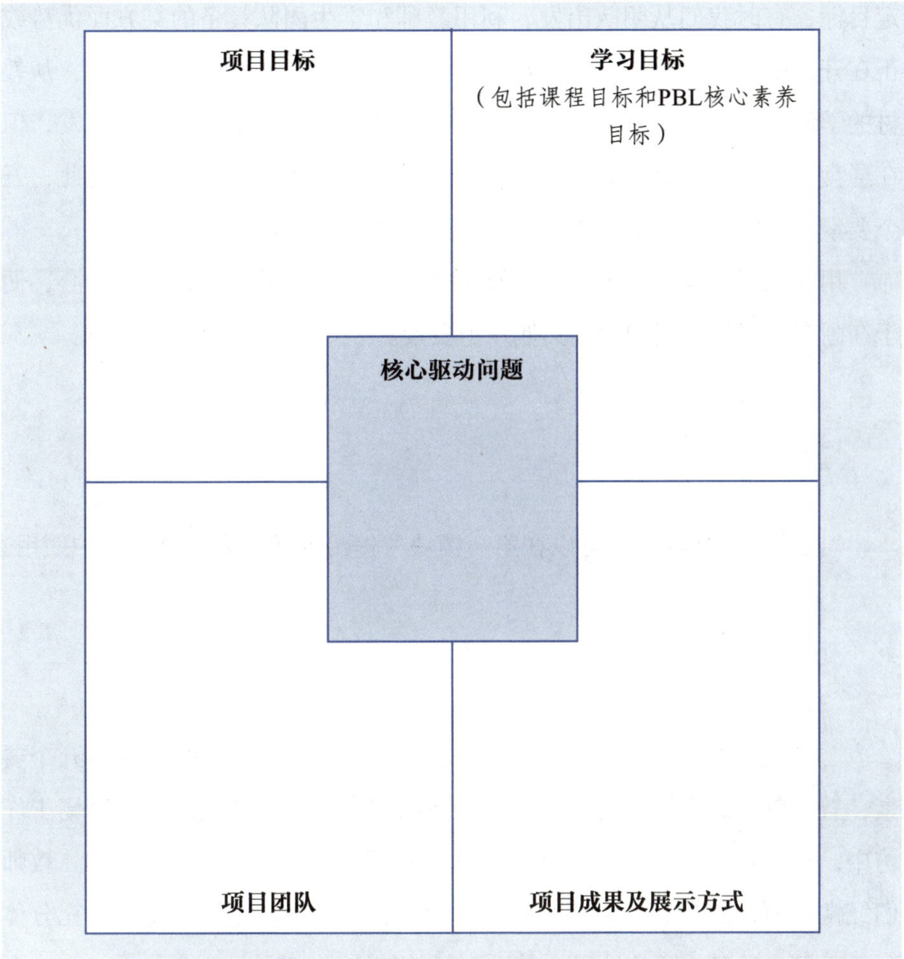

项目目标	学习目标（包括课程目标和PBL核心素养目标）
核心驱动问题	
项目团队	项目成果及展示方式

为何使用

项目式学习的第一个阶段需要完成立项，而立项环节需要考虑五个方面的内容，即“立项五要素”：①核心驱动问题（参阅工具 1），②项目目标，③学习目标（参阅工具 2），④项目团队，⑤项目成果及展示方式。

教师经常觉得“立项五要素”中最早需要确定的是核心驱动问题，其实不然。五要素的确定并不是线性的，没有固定的先后顺序。有时我们的确是从一个核心驱动问题出发的，为了解决这个问题，开始组建团队，制定目标；有时我们从团队出发，利用教师和学生团队具备的某方面优势或正在开展的某方面研究，开发出项目选题；有时则从目标体系出发，从教材的学科教学内容中发现选题。同时，我们即便从核心驱动问题出发，但在通盘考虑其他几个要素后，还有可能需要修改核心驱动问题。因此，五个要素相互影响，也相互制约。我们应同时考虑，不分先后。

用立项五要素画布这样的表现形式，将核心驱动问题置于最中心，便于在画布中同步呈现和修改其他几个要素。

何时使用

“立项五要素画布”可以在第一模块“提出问题、完成立项”中使用。

如何使用

“立项五要素画布”的呈现方式是多种多样的。只要能够涵盖五个要素，教师就可以用自己喜欢的方式进行布局。我们在开展过的上百场工作坊中，见到过非常多很有创意的表达（见图 2–5、图 2–6、图 2–7）。教师们经常将项目的背景、主题，甚至是学校文化融入画布的设计中，充分体现了项目式学习的开放结果、鼓励创新的特点。

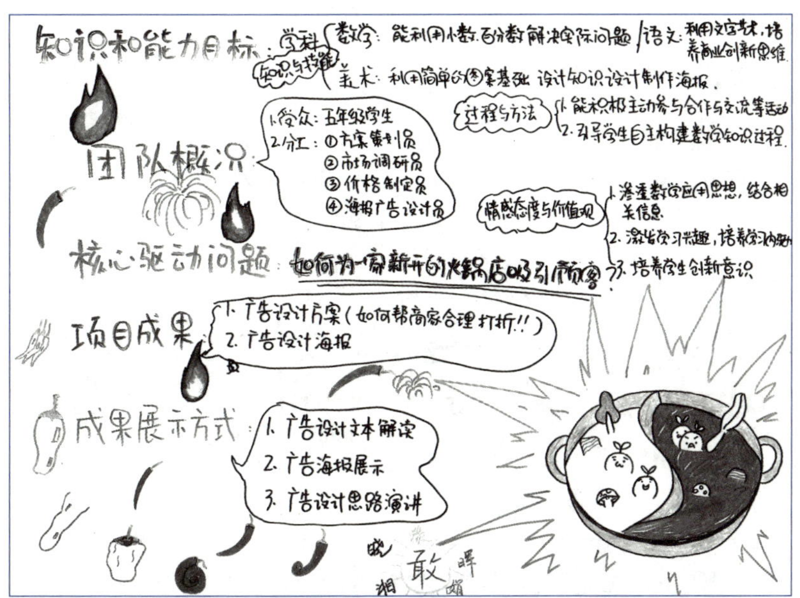

图2–5　立项五要素画布示例1（来自长沙市实验小学教师工作坊）

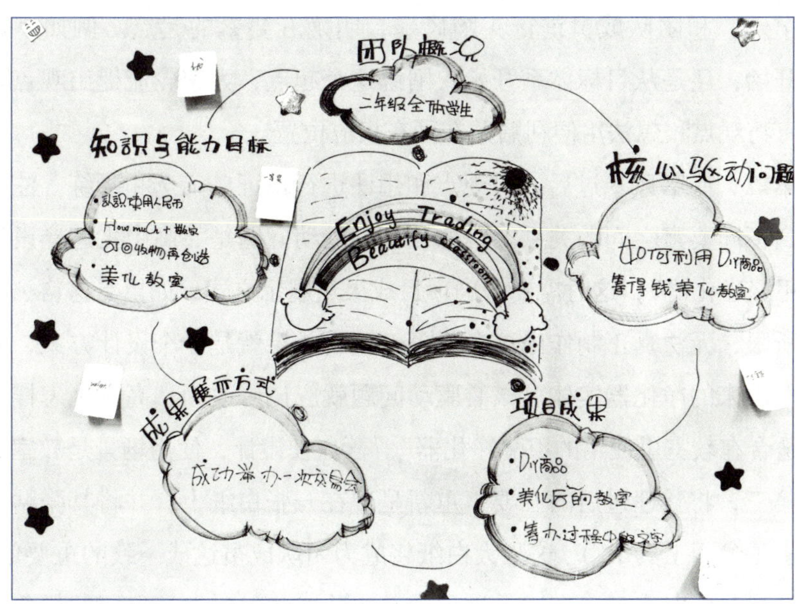

图2–6　立项五要素画布示例2（来自成都市龙江路小学武侯新城分校教师工作坊）

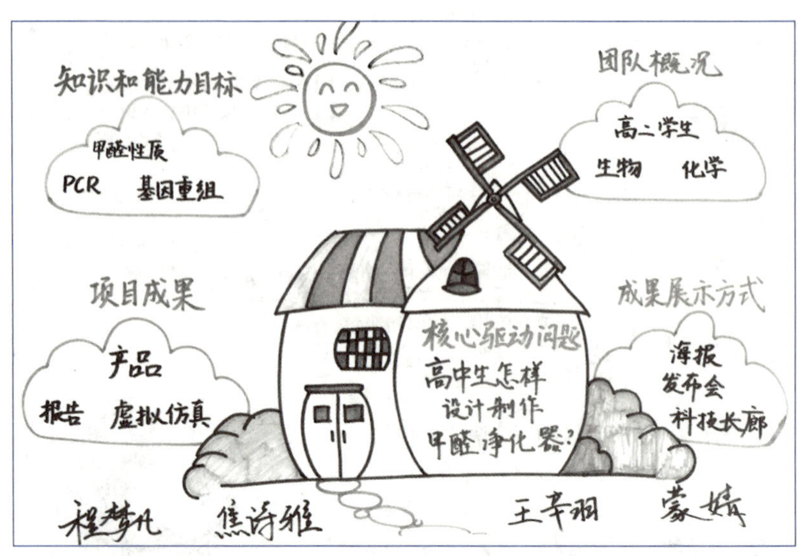

图 2–7 立项五要素画布示例 3（来自北京师范大学师范生课程）

教师或学生团队开展五要素研讨时，可以参考以下步骤。

第一，和团队成员进行头脑风暴，明确五要素的起点。例如，是从问题开始，还是从目标体系开始。围绕这个起点，大家轮流提出观点和想法，可将观点和想法用便利贴贴在画布相应位置。

第二，头脑风暴过后，对观点和想法进行论证、筛选和凝练。注意要照顾到不同要素之间的关系。例如，核心驱动问题是“高中生怎样设计和制作甲醛净化器”，这时需要考虑项目成果及展示方式。如果受材料、实验设备所限，无法真正制作出这台设备，项目成果就是一个设计方案，而不是制作出来的净化器实体。核心驱动问题就应该修改为“高中生怎样设计一台适合在教室里使用的甲醛净化器”。落点在设计，使用场景是教室里。

第三，将整理过后的五要素重新呈现在一张白纸上，并将其张贴在项目墙上（参阅工具 14）。这张大白纸将成为团队成员达成一致的重要依据，供团队成员随时查看。在这个过程中，团队成员可以发挥自己的想象力和创造力，让这张纸更加美观和有设计感。这既是一个阶段性的团队成果，又是激励大家坚持到底的动力之一。

工具 4 小组角色设定表

第一角色	主要职责	成员姓名	特长 / 爱好	希望发展的技能	第二角色

为何使用

项目式学习的分组策略是按照角色进行分组。小组角色设定表可帮助师生顺利清晰地完成角色设定。项目式学习分组合作有以下几个重要特点。

每个项目都有不同的角色设定

例如，“故宫十二时辰”项目的最终产品是一出戏剧，因此项目就需要按照戏剧的要求来设置角色，包括导演、编剧、演员、服装师、道具师和场务等。又如，“酥油花”项目的最终产品是一本书，因此项目就需要按照出版的要求来设置角色，包括主编、文编、美编和宣传发行员等。

每个团队都有清晰的角色划分

例如，在“故宫十二时辰”项目中，除了有戏剧组，还有信息收集组和模型组。在信息收集组，又有信息搜集员、报告撰写者和演示文档制作者等角色；在模型组，又有绘图师、材料收集者、模型搭建者等角色。

◎ 每个成员都有明确的角色职责

例如在戏剧组，小 B 同学担任了导演的角色，他就应该统领整个项目的安排。小 C 同学担任了道具师的角色，他就应该了解道具的选择、制作和使用等各个环节，对所有的道具负责。

◎ 项目成员有第二／第三角色

在真实职业场景的真实项目中，当一个人承担了某项工作后，将不会去做别人的工作。大家分工明确，井水不犯河水。而项目式学习并非如此，我们需要突出其育人功能。按照角色分组会带来一个弊端，那就是“长板恒长”。例如，一个孩子擅长画画，每次有画画的任务，大家会自然而然地交给他，而绘画会花费较多时间，导致他没有机会学习和锻炼其他领域的知识技能。

在项目式学习中，学生的团队角色是他的第一职责，这样每个孩子都有需要负责的工作，从而增强了责任感，同时我们也要兼顾学生的第二角色，甚至是第三角色。理想的方法是在项目开始前收集学生的特长、爱好，为第一角色的确定提供依据，同时收集学生“希望发展的技能”，赋予他们第二角色。例如，一个学生非常有领导力，是整个戏剧的导演，同时他还希望多参与手工制作，那么道具师就可以是他的第二角色。这样，每一个任务都有多人参与，一个人也可以扮演多个角色。项目成员的组织架构是立体的，职责是明确的，这有助于学子在项目活动中收获更多的知识与技能。

◎ 项目的分组方式并不是一成不变的

例如，在戏剧项目的剧本编撰阶段，学生需要根据撰写剧本的需求划分角色，到了戏剧排练阶段，则需要根据戏剧演出的需求进行划分角色。在项目的不同阶段，学生有时需要根据自己的选择进入不同的小组。例如，在一个深度阅读的项目中，学生首先根据自己喜欢的书籍进行分组，开展阅读活动。组织读书汇报活动后，他们有二次选择的权利，可以重新进入自己喜欢的书籍小组。进入小说创作阶段，他们又可以根据小说创作的需求，进行第三次分组。

在班级内部可采用平行小组或并行小组

根据项目的需要，两种方式可以交替使用。

例如，一个设计空间改造方案的项目可以采用平行小组的方式。每个小组内部的角色设定是相同的，各小组的学习进度和项目进度也是一致的，最终每个小组拿出一套自己的方案，进行班级遴选。

又如，在生成一份调研报告的项目中，各个小组形成了不同职能的小分队，有数据组、图片组、文字组和美工组，这些小组便是并行小组。每个小组负责的板块不同，小组内部的角色设定也有所不同，最终各组的成果可以进行汇总和总结，形成班级共同的成果。

项目式学习的分组是立体的、结构化的，同时也是复杂的，需要随时调整和监控。因此我们需要小组角色设定表来进行详细记录，并且在这个表单发生变化时及时更新。

何时使用

“小组角色设定表”可以在第二模块“招兵买马、组建团队”中使用。

如何使用

项目式学习小组中的角色划分，需要经历以下三个阶段。

阶段一　项目角色的定义

教师需要根据项目的成果类型来定义团队的角色。例如，如果某项目的最终成果是一份空间改造的设计方案，则这个团队需要设计师、文案和绘图师等角色；如果某项目的最终成果是一篇人物访谈，则需要访谈策划、记者、录音师、撰稿人和音视频编辑等角色。此时需要填写“小组角色设定表”中的第一列（见表 2–4）。

表 2–4 小组角色设定——以人物访谈为例

第一角色	主要职责	成员姓名	特长 / 爱好	希望发展的技能	第二角色
访谈策划					
记者					
录音师					
撰稿人					
音视频编辑					

◈ 阶段二 项目角色的阐释

由于项目角色来自真实世界，往往会体现真实职业的属性。而学生受已有的生活经验所限，对相应的职业可能还没有足够的认知。因此教师需要花时间帮助学生了解不同角色的职责和任务。例如，记者是做什么的，录音师、音视频编辑又是做什么的等。本环节可用教师讲解、视频展示或是现身说法等方式来跟学生进行沟通。这个环节结束后，应该完成表格第二列：主要职责（见表 2–5）。

表 2–5 确定角色职责——以人物访谈为例

第一角色	主要职责	成员姓名	特长 / 爱好	希望发展的技能	第二角色
访谈策划	统筹安排，策划、管理整个访谈计划				
记者	向受访者提问并记录访谈要点				

续表

第一角色	主要职责	成员姓名	特长 / 爱好	希望发展的技能	第二角色
录音师	对访谈的语音记录负责				
撰稿人	整理访谈记录，撰写访谈文章				
音视频编辑	对访谈记录的呈现方式和结果负责				

阶段三　项目角色的认领

在小组角色设定过程中，最有趣的就是角色认领环节。在教师对角色进行定义和阐释后，学生可以根据自己的兴趣和爱好，选择希望担任的角色，而不是由教师进行强行分配。这样的做法有两个好处。

第一，蒙台梭利认为“因为选择，所以专注”[①]。选择往往来自自己的热爱，而热爱会带来强大的内驱力。例如，在一次戏剧项目中，一位平时非常淘气的学生选择了“仙女”的角色，她开始努力认字、背台词；一位平时非常腼腆的学生选择了道具师，当他做的道具完美地戴在同伴头上的时候，他开朗地大笑、欢呼……

第二，根据多元智能理论[②]，每个人都有自己的特长和偏好。并不是所有学生都适合上台演讲，也不是所有学生都做得了研发人员。学生选择了角色，意味着选择了一种让自己舒服的学习方式。在项目式学习过程中，我们希望通过学生的“长板”来帮助他们树立自信。平时考试成绩好的学生，项目活动中的表现不一定好；而平时的“学困生”，却常常带给我们惊

① 蒙台梭利. 蒙台梭利家庭教育全书[M]. 吴启桐，金海涛，编译. 广西：广西科学技术出版社，2009.
② 加德纳. 智能的结构（经典版）[M]. 沈致隆，译. 浙江：浙江人民出版社，2013.

喜。当然，在班级人数较多的情况下，自主认领角色很难让每个人都满意。对于项目中比较抢手的角色，教师可以使用“角色竞选”的方式，让学生公平竞争；教师也可以使用填报“多个志愿”的方式，避免学生在角色落选后感觉失落和受到打击。表 2–6 为完整的小组角色设定表。我们可以看到每个小组成员都有其第一角色和第二角色。

表 2–6 完整的小组角色设定表——以人物访谈为例

第一角色	主要职责	成员姓名	特长 / 爱好	希望发展的技能	第二角色
访谈策划	统筹安排，策划、管理整个访谈计划	小 C	领导能力强，经常担任组长	对外沟通、表达	记者
记者	向受访者提问并记录访谈要点	小 D	性格外向，口头表达能力强	写作	撰稿人
录音师	对访谈的语音记录负责	小 E	信息技术能力较强，喜欢摆弄设备	写作	撰稿人
撰稿人	整理访谈记录，撰写访谈文章	小 F	作文写得好，经常得高分	对外沟通、表达	记者
音视频编辑	对访谈记录的呈现方式和结果负责	小 G	信息技术能力较强，喜欢摆弄设备	组织能力	访谈策划

二、计划筹备阶段工具详解

工具 5 须知表

待解决的问题	已经知道的内容	需要知道的问题

工具5式样

为何使用

项目式学习最大的特点是问题驱动。学生通过解决问题来完成项目中的各个环节，在问题解决中学习知识和技能。因此，教师提出一个好问题，并引导学生进行合理的拆解和分析，是高质量项目式学习的关键所在。

须知[①]表只有三列，似乎是一个非常简单的工具，但它能够帮助教师和学生形成一种解决问题的思维方式和习惯。教师不是把拆解好的问题直接抛给学生，而是让学生通过须知表来自己拆解和思考。这样所有的问题都是学生自己提出的，而学习就变成了不断为自己关心的问题寻找答案的过程，可以大大提高学习兴趣和效率。

通过须知表，教师首先要让学生明白“待解决的问题”是什么，也就是项目的最终目标是什么。这样做才能以终为始，不会偏航。

① 须知英文原文为need-to-knows，指学生要解决一个问题时需要知道的问题。

接着引导学生不要着急去寻求问题的解决方案，要先从分析自己的现状出发，思考哪些是“已经知道的内容”。例如，在关于历史的项目中，“唐代皇帝的更迭”这一知识内容，对有的人来说是“已经知道的内容”，而对有的人来说是“需要知道的问题”。教师要帮助学生分析学习现状，思考已经知道的内容，让每位学生明确自己的学习步调。

通过“需要知道的问题”，教师可以将抽象问题变为具体问题，将大问题化为小问题，然后继续拆解。最后形成树状的嵌套须知表（见表 2–7）。随着架构逐渐清晰，教师和学生解决问题的逻辑也会变得非常有条理。

表 2–7　嵌套须知表

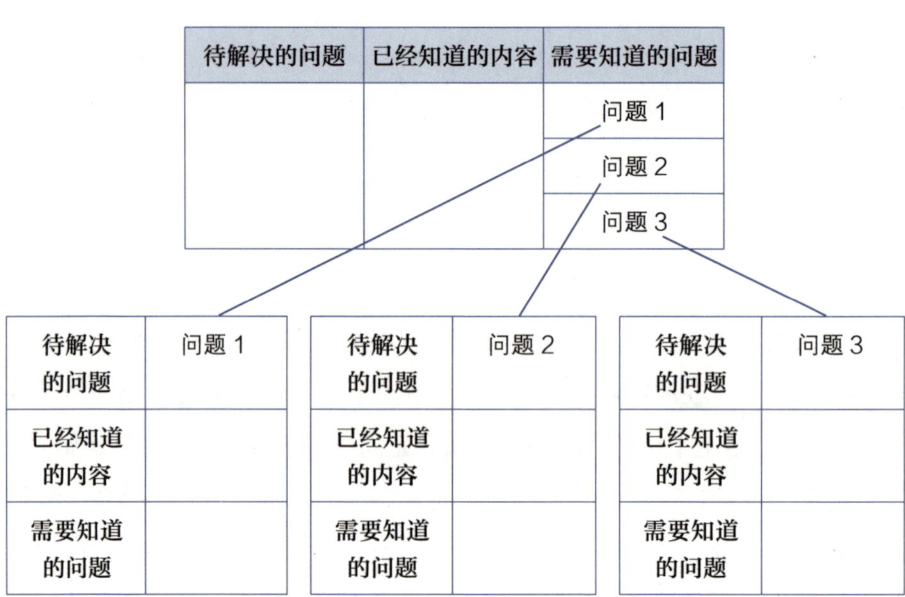

何时使用

须知表可以用在任何一个问题拆解的场景。在项目的第三模块“计划筹备、整合资源”中，教师可以用须知表制订教学计划；在第六模块“解决问题、产出成果”中，学生可以用须知表开展头脑风暴；在自主学习的过程中，学生也可以用须知表帮助自己梳理思路。

如何使用

组织填写须知表需要一名引导者和数名参与者。如果是教师来组织填写须知表，教师就是引导者，学生为参与者。这一环节通常出现在入项活动或是项目的较早阶段，教师需要带领所有项目成员一起梳理和分解驱动问题时。

如果是学生在小组内部填写须知表，则由一名学生担任引导者，其他学生为参与者。这一环节通常出现在项目开始后，团队就某一个正在解决的问题进行拆解和梳理时。如果是在自主学习过程中填写须知表，则由学生自己同时担任引导者和参与者。

第一步，理解“待解决的问题”。组织填写须知表时，首先应当关注须知表的第一列，确保所有学生理解了“待解决的问题”。例如，在名为“北京——中轴线上的城市”的项目式学习中，核心驱动问题是“50年后的北京，还是不是中轴线上的城市？”当宣布这个驱动问题后，先请学生提出对这个问题本身的疑惑。例如，学生提出：“为什么是50年，不是100年？”“城市有很多可关注点，为什么要关注中轴线？”等。教师需要引导学生从城市布局的角度去思考城市的发展，而不是从轨道交通、居民福利等方面。

第二步，明确“已经知道的内容”。在学生就“待解决的问题”达成一致后，带领学生去思考“已经知道的内容”。例如，学生是否已经知道“北京中轴线正在申请世界文化遗产”“北京曾经是以中轴线为基准建造的都城”等。在这个部分，如果学生的知识水平参差不齐，还可以先停下来，组织统一的知识讲解环节，或是开展同学间的互相分享和讲解。

第三步，探讨“需要知道的问题”。在这一环节，引导者通过引导问题激发大家的讨论，例如，引导者可以这样说：“50年，在社会发展缓慢的古代，可能城市不会有太大变化。但是在社会发展迅速的今天，尤其是中国，过去50年的变化非常显著。50年后，北京城还会以中轴线为基准吗？城市布局会发生什么变化呢？我们需要知道哪些信息才能回答这个问题？”参与者可以自由发言。引导者则快速将大家发言的关键词记录在黑板或是白板纸上。此时无须考虑问题的品质，参与者关心的所有问题、挑战、设想、可能性都可以记录下来。

请注意：在提问环节，引导者无须立刻给出问题的答案，也无须评判问题的好坏，只需要快速记录，并引导更多问题提出。

第四步，问题总结和梳理。头脑风暴过后，请讨论者派代表将这些关键词、不成句的问题或用陈述句描述的问题，整理成完整的问句。例如，“建筑”“城市的中心在哪里”“找找城市布局变化的原因”，可以被整理为，“以中轴线为基准的城市建筑布局有什么特点？”“中轴线到底是不是城市的中心？”“城市布局的变化受哪些因素影响？”等。

第五步，识别问题。

其一，识别出“开放问题”和“封闭问题”。“开放问题”是指没有标准答案，需要持续探究的问题；“封闭问题”是指通过查询图书资料或借助搜索引擎能够找到明确答案的问题。对于“封闭问题”，团队确定答案的权威来源后，就可以分配任务去寻找答案了。而对于“开放问题”，则需要进入下一轮问题拆解，填写须知表。

其二，识别出“有关问题”和“无关问题。”“有关问题”是指和项目的核心驱动问题有关联的问题，例如，“历史上为什么以中轴线为基准建造城市”“北京近 50 年城市中心有哪些变化”这些问题都和“50 年后的北京，还是不是中轴线上的城市”关系密切。而“中轴线上的故宫有多少个大殿”跟项目的核心驱动问题关系不大，属于“无关问题”，可以舍弃。

其三，对问题的优先级进行排序，判断问题之间是否有从属和依赖关系。例如，“北京是不是中轴线上的城市”和“西安是不是中轴线上的城市”都可以从属于“历史上为什么以中轴线为基准建造城市”这个问题。再如，“北京近 50 年城市中心有哪些变化”是预测未来 50 年北京城市布局变化的先决问题，只有先把历史研究清楚了，才能有依据地预测未来。

工具 6 ORID焦点讨论法

核心驱动问题	焦点问题层级	行动计划 （对标项目式学习项目实施阶段）
本项目的核心驱动问题	客观层面（Objective，简称 O） 关注直接收到的客观信息	聚焦客观现实和依据 （项目启动）
	反应层面（Reflective，简称 R） 有关个人的反应和联想	聚焦有待解决的问题 （分解问题）
	诠释层面（Interpretive，简称 I） 关于意义、重要性和含义	聚焦问题的原因和突破点 （解决问题）
	决定层面（Decisional，简称 D） 关注解决方案	聚焦问题的解决方案 （产出成果）

为何使用

在项目式学习的问题分解阶段，须知表是一个比较常用的工具。除了须知表，还有没有其他好用的问题分解工具呢？在我们研究了“ORID 焦点讨论法”后，惊讶地发现这个基于“人类加工生活经验的自然方法”[①]和项目式学习的实施过程高度一致。

ORID 层级对应了人类认知的内部过程：知觉—反应—判断—决定。在这个过程中，学习者需要首先与外部世界相遇（客观性层面），然后将外部世界与自己的内部经验相联系（反应性层面），进而发现其中的意义（诠释性层面），最终基于以上过程得出结论或做出决定（决定性层面）。例如，我们发现教室里同学们的衣服和书包乱放（客观性层面），影响了整洁和卫生（反应性层面），其原因在于教室没有放衣物的专用空间（诠释性层面）。因此我们需要合理规划教室收纳，给书包和衣服提供一个家

① 尼尔森. 关键在问：焦点讨论法在学校中的应用[M]. 屠彬，译. 北京：教育科学出版社，2016：13.

（决定性层面）。这正是项目式学习发现问题、解决问题和生成解决方案的过程。

在分解核心驱动问题时，学生常常感觉千头万绪、无从下手。教师在引导学生进行这部分工作时也会觉得无法将思维过程结构化地传递给学生。“ORID 焦点讨论法”的逻辑结构——先摆出事实、联系个人感受、分析信息的意义、得出结论或做出选择，让学生理解问题分解的思维过程。通过结合实际问题进行练习，学生可以掌握问题分解的基本框架。

何时使用

我们非常推荐教师学习使用“ORID 焦点讨论法”。它可以用于教学设计阶段，教师团队一起讨论分解驱动问题之时，也可以用在项目启动阶段，教师和学生一起头脑风暴，生成分解驱动问题之时。

“ORID 焦点讨论法”是一种结构化的提问方式，不仅可以用在开展项目式学习的过程中，也可以应用在解决真实世界问题的所有场景中，帮助使用者形成完整的思考过程，养成周密地思考问题和解决问题的习惯。

如何使用

初次接触“ORID 焦点讨论法”的教师可能会觉得有难度：ORID 四个层级从哪里入手？如何精准对应？如果按照以下步骤，抽丝剥茧，层层递进，问题分解的过程就会变得容易很多且能够直接对应行动方案。

第一步，做好准备工作。会议组织者提前通知需要参与讨论的人员，明确会议时长，同时准备好白板、白板笔和便利贴等工具。

第二步，呈现之前准备好的“立项五要素画布”（见工具3），达成共识。

第三步，在白板上绘制 ORID 层级表（见表 2–8）。左边是客观性层面、反应性层面、诠释性层面和决定性层面，右边留出足够空间用于书写大家通过头脑风暴提出的问题。

表 2–8　ORID 层级表

焦点问题层级	问题举例
客观性层面（O）	
反应性层面（R）	
诠释性层面（I）	
决定性层面（D）	

第四步，向大家解释问题层级的含义，确保大家对四个层级的含义和区分有基本的认识。

第五步，聚焦问题层级。讨论者可以先聚焦于一个层级提出问题，例如在客观性层面，讨论者可以先聚焦于我们通过客观的“五感”能够收集到的信息，而不要急于去做出判断。到了反应性层级，讨论者再去思考人们的主观感受。“改善社区”项目的 ORID 层级见下表。

表 2–9“改善社区”项目的 ORID 层级

焦点问题层级	问题举例
客观性层面（O）	1. 我们的社区里有几个健身器材？ 2. 我们的社区面积有多大？ 3. 楼房占地面积有多大？ 4. 空地面积有多大？ **5. 社区里的活动场所设置合理吗？**
反应性层面（R）	6. 社区里的健身器材够吗？ 7. 社区里的活动场所有安全隐患吗？
诠释性层面（I）	8. 社区为什么这样设置健身器材？ 9. 社区为什么不能增加活动空间？
决定性层面（D）	10. 能否想办法增加一点活动空间？ 11. 如何优化和改善现有的空间？

第六步，问题筛选和排序。大家可以将提出的问题进行筛选，将不属于这个层级的问题移动到相应的层级，再进一步讨论还有哪些可以在该层级提出的问题。例如，在表 2–9 中，问题 5 不属于 O 层级，应该归到 R 层级。I 层级还可以做更加深入的探索，D 层级还可以有更多解决方案，这两个层级中可增删问题。

第七步，形成行动计划（见表 2–10）。

表 2–10　形成行动计划

问题举例	行动计划
1. 我们的社区里有几个健身器材？ 2. 我们的社区面积有多大？ 3. 楼房占地面积有多大？ 4. 空地面积有多大？	调查走访，记录数据
5. 社区里的活动场所设置合理吗？ 6. 社区里的健身器材够吗？ 7. 社区里的活动场所有安全隐患吗？	访谈居民，收集反馈
8. 社区为什么这样设置健身器材？ 9. 社区为什么不能增加活动空间？ 10. 现有活动空间是否可以优化？	收集物业及市政的意见和建议
11. 能否想办法增加一点活动空间？ 12. 如何优化和改善现有的空间？ 13. 是否可以采购新的设备？	制定解决方案并执行

第八步，总结每个层级中的关键问题，作为项目的分解驱动问题（见表 2–11）。

表 2-11 “改善社区”项目的分解驱动问题和行动计划

核心驱动问题	分解驱动问题	行动计划 （对标项目式学习项目实施阶段）
如何改善社区的活动空间?	O：社区活动空间的现状是什么？ **子问题：** 1. 我们的社区里有几个健身器材？ 2. 我们的社区面积有多大？ 3. 楼房占地面积有多大？ 4. 空地面积有多大？	调查走访，记录数据
	R：人们的感受和体会是什么？ **子问题：** 5. 社区里的活动场所设置合理吗？ 6. 社区里的健身器材够吗？ 7. 社区里的活动场所有安全隐患吗？	访谈居民，收集反馈
	I：为什么是这样的现状？ **子问题：** 8. 社区为什么这样设置健身器材？ 9. 社区为什么不能增加活动空间？ 10. 现有活动空间是否可以优化？	收集物业及市政的意见和建议
	D：如何制定并实施解决方案？ **子问题：** 11. 能否想办法增加一点活动空间？ 12. 如何优化和改善现有的空间？ 13. 是否可以采购新的设备？	制定解决方案并执行

第九步，总结后将讨论的内容记录在会议纪要中，并更新项目计划。

工具 7 驱动问题分解表

工具7 式样

核心驱动问题	分解驱动问题

为何使用

项目式学习是否只解决核心驱动问题这一个问题？答案是否定的。我们需要通过解决一系列的问题，一步步地靠近目标，最终解决核心驱动问题。

解决核心驱动问题是项目的终极目标，而实现终极目标需要把涉及的问题一一解决。就像唐僧要想取得真经，就要在出发之前规划路线、预判可能会遇到的问题、做好相应的准备。分解驱动问题的解决也意味着项目过程中里程碑事件的完结。

除了提前设想问题和解决方法，我们还要应对突发状况和临时问题，如路径的被迫改变、临时出现的“妖魔鬼怪”、解决了之前的问题后引发的新问题等，这就是“分解驱动问题”动态调整的过程。

因此，教师在开始项目式学习之前，需要有一张清晰的图表：核心驱动问题和分解驱动问题分别是什么。一方面，我们要通过分解驱动问题来明确项目的里程碑和基本框架。另一方面，当遇到项目的方向或是关键环节发生变化时，我们要清楚地知道，调整后的分解驱动问题有没有偏离解决核心驱动问题的轨道。如果偏离了，则需要做出进一步的调整决策：是继续调整分解驱动问题，还是返回修改核心驱动问题。

何时使用

“驱动问题分解表”可用在第三模块“计划筹备、整合资源”教师做问题分解时，也可用于第四模块“项目启动、分解问题”，教师要和学生做第二次问题分解时。如果调整了分解驱动问题，则需要相应调整核心驱动问题。因此，这个工具在每个项目中至少要用到两次，且应该被所有团队成员关注。

如何使用

无论在教师团队集体教研还是教师带领学生讨论时，明确核心驱动问题和分解驱动问题，都需要经历一个先发散、再聚焦的过程。这个过程可使用须知表（详见工具 5）来进行，也可以使用 ORID 焦点讨论法（详见工具 6）来进行。

无论采用哪种方法，我们都需进一步凝练和排序生成的问题，才能形成本项目的分解驱动问题。每一个分解驱动问题都会对应一个项目里程碑。而项目里程碑则是项目的重要节点。在每个节点，我们都需要开展项目会议、过程性评价、反思复盘活动等。因此，分解驱动问题不能太多，通常 3—5 个，标志着项目的几个重要阶段。

例如，在“改善社区”项目中，虽然不同层级提出了很多问题，但是聚焦后只留下四个分解问题，分别对应 ORID 四个层面，作为本项目的分解驱动问题（见表 2–12）。而其他问题则作为分解驱动问题的子问题，不在“驱动问题分解表”中呈现，可以在更加详细的“工作计划表”（详见工具 10）中呈现。

表 2–12 “改善社区”项目的驱动问题分解表

核心驱动问题	分解驱动问题
如何改善社区的活动空间?	O：社区活动空间的现状是什么？
	R：人们的感受和体会是什么？
	I：为什么是这样的现状？
	D：如何制定并实施解决方案？

驱动问题分解表制定完成后，可以张贴在教室的项目墙（详见工具 14）上。如果在项目执行过程中，分解驱动问题做出调整，则需及时修改项目墙上的信息，以便团队成员同步得到分解驱动问题。

工具 8 问题—任务—产品对应表

分解驱动问题	主任务	主产品

为何使用

本章的前几个工具大部分都在谈“问题”。项目式学习是问题驱动的学习，而不是任务驱动的学习。因此，只要我们理清了项目的核心驱动问题和分解驱动问题，基本架构就清晰了，项目也就成功了一半。

同时，“问题”不是提出来就可以了，而是需要团队共同去解决。此时，需要把“问题”转换为相应的“任务”，变成可落地、可执行和可追溯的行动方案。每一个分解驱动问题都将对应一个主任务。

任务完成得怎么样，要用产品来体现和衡量。到了产品的部分，项目就不仅仅需要可落地、可执行和可追溯了，还需要可交付、可评价。因此，产品是项目成功与否的标志物，也是形成性评价和终结性评价的重要依据。

通过“问题—任务—产品对应表”，教师可将项目目标、项目进程和项目产出的关系进行清晰的梳理和对照。该表格是帮助教师将一个“看起来很美”的想法或是创意变成行动方案和可见产品的重要工具。

如第 34 页图 1–9 问题—任务—产品对应关系所示，每一个分解驱动问题对应一个主任务，每个主任务又拆解出子问题对应的子任务，每个子任务都有相应的产品产出。而这些产品，都服务于解决问题，而不是为了表现花哨、复杂和“秀肌肉”。最终产品一定是用来解决核心驱动问题的，跟解决核心驱动问题无关的产品可以舍弃，以节省教师和学生的时间和精力。

何时使用

“问题—任务—产品对应表”可以在第一模块“提出问题、完成立项”中使用。

如何使用

“问题—任务—产品对应表”的使用需建立在“驱动问题分解表”（工具7）的基础之上。首先，我们可以将工具7中确立的分解驱动问题放在这个表格的第一列。

以“改善社区”项目为例，“问题—任务—产品对应表”以下表的形式呈现。

表2–13 “改善社区”项目的问题—任务—产品对应表1

分解驱动问题	主任务	主产品
社区活动空间的现状是什么?		
人们的感受和体会是什么?		
为什么是这样的现状?		
如何制定并实施解决方案?		

接下来，我们需要考虑要回答这几个分解驱动问题，团队应完成哪些任务。例如，为了摸清“社区活动空间的现状是什么”，团队需要深入社区实地开展调查研究，对社区活动空间的面积、设施和使用频率等数据进行客观收集。因此，这个分解驱动问题对应的主任务就是ORID（工具6）行动计划中的“调查走访，记录数据”。

项目式学习中，所有的任务都不是空中楼阁，而是实打实需要产出成果和产品的，因此任务和产品一定是一一对应的关系。对于“调查走访，记录数据”这样的任务，不能走访完就完事了，而应该生成“社区活动空间调查数据记录表”，以此作为这个任务的产品。其他分解驱动问题的任务和产品如下表所示。

表 2-14 “改善社区”项目的问题—任务—产品对应表 2

分解驱动问题	主任务	主产品
社区活动空间的现状是什么?	调查走访，记录数据	社区活动空间调查数据记录表
人们的感受和体会是什么?	访谈居民，收集反馈	社区居民访谈记录
为什么是这样的现状?	收集物业及市政的意见和建议	相关部门访谈记录
如何制定并实施解决方案?	制定解决方案并执行	社区活动空间改善方案、方案执行的结果

工具 9 评价矩阵

工具9 式样

主产品 / 表现	学习目标	评价证据	评价方式	评价时机

为何使用

在项目式学习中，定义成功的维度和层次要比我们传统学习中更多。除了与项目相关的知识内容之外，我们还需要考量确保项目目标达成的其他要素：习得的技能、学习的过程、项目的进度、小组合作的情况、小组成员的成长、分解任务的完成情况、过程产品及最终产品的质量等。

需要强调的是，不管进行的是哪种类型的评价，都不能仅仅将其作为给学生“打分”的工具，更应该作为指导和修正学生学习过程和结果的工具。指导和评价是相辅相成的。我们通过评价来保障项目能够高质量完成。在项目最初，告知学生相应的评价方案非常必要，这能让学生知道努力的方向。通常，一套完整的综合性的评价方案，需要教师明确谁来评价、为什么评价、评价什么三个核心要素（如图 2–8 所示）。

“谁来评价”代表评价的主体，比如是由教师来评价，还是由学生来评价。“为什么评价”代表评价的目的。评价的目标是检测目标体系（工具 2）的达成，而不是为了评价而评价。过多的评价会大大增加教师和学生的负担。“评价什么”指的是评价的对象。能够体现学习目标的产品或表现，才能作为评价对象。与学习目标无关的产品或表现，不能成为评价对象。

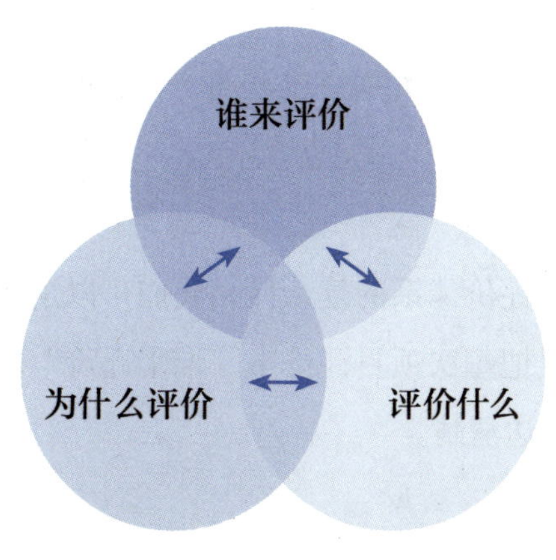

图 2-8 评价核心三要素

同时，评价方案相比传统的作业或纸笔测试，具备如下这些特点。

- 形成性评价和终结性评价相结合。项目式学习的评价贯穿始终，有三个评价时机。第一，项目完结后，对项目的完成情况和学生的整体表现进行评价，属于终结性评价。第二，项目的里程碑事件完结后，对关键产品或表现进行评价。第三，项目进行过程中，对学生进行及时反馈和指导。这样的评价可能发生在每一节课中。第二和第三类评价属于形成性评价。
- 教师评价和学生评价相结合。在项目式学习中，教师不再是评价的唯一主体。由于每一位学生在项目中都承担着重要的角色，有明确的项目联系，每一个人都有评价的权利和资格。在合适的时机，教师可以把评价权交给学生，积极开展学生的自评和学生之间的互评。
- 自评和他评相结合。学生的自评是评价的重要部分，是学生自我效能感的体现，也是学生自我反思的重要机会。但是自评要和他评相结合，才能得出最终的结论。而且，将自评内容和他评内容进行对比研究，可以帮助学生更快地进步。
- 内部评价和外部评价相结合。内部评价是指由教师、学生共同组成的项目团队内部成员之间的评价，包括师评、自评和互评。外部评价是指项目团队之外的人员对项目成果或学生表现进行的评价，例如外部专家的点评、项目产品的用户反馈和项目公开展示环节的听众反馈等。

由于项目式学习评价体系的复杂性，我们可以用评价矩阵来梳理评价方案。评价矩阵可以把每次项目评价中“谁来评价”“为什么评价”“评价什么”这三个要素表达清楚。

何时使用

“评价矩阵”可以在第三模块“计划筹备、整合资源”中使用。

项目评价可能发生在项目实施的各个环节，但是项目评价方案是前置的，也就是要在项目开始实施之前制定。在完成“问题—任务—产品对应表”（工具 8）后，我们就可以根据项目的关键产品或关键表现来设计评价矩阵了。

如何使用

在第三模块“计划筹备、整合资源”中，我们可以参考以下六个步骤来设计评价矩阵。

第一步，设计评价矩阵的先决条件是完成前面的“驱动问题分解表”（工具 7）和“问题—任务—产品对应表”（工具 8）。参考工具 8 的最后一列来设计评价矩阵的第一列。

以北京市良乡中心小学“有爱的包装盒”项目为例，按照分解驱动问题进行任务和产品的对应，可以得出一张对应表（见表 2–15）。

第二步，参考 PBL 目标体系（工具 2），将每一个关键产品或表现所涉及的学习目标进行重组，并迁移过来。

第三步，从产品或表现中找到能够证明知识或能力目标达成的依据，作为评价量规或其他评价量表制定的维度。

表 2–15 “有爱的包装盒”项目评价矩阵

分解驱动问题	主任务	主产品
我要给谁，送什么礼物？	选择礼物赠送的对象，并选择合适的礼物	选择好的礼物，并按形状进行归类
如何为我们选择的礼物设计包装盒？	按照礼物的形状进行分组，为礼物设计包装盒平面图	包装盒平面图
如何制作礼物包装盒？	团队合作，购买材料，并动手制作包装盒	包装盒成品
如何展示和推广我们的成果？	为成果展示做准备	成果展示 PPT 和一次当众演讲

主产品 / 表现	学习目标	评价证据	评价方式	评价时机
平面图				
礼物包装盒 / 袋				
有效沟通与合作				
成果汇报				

第四步，选择合适的评价方式，可以是常见的用于打分的评价量规，也可以是教师、同伴的反馈，或不含分值的主观性评语。

第五步，写清评价时机，区分形成性评价和终结性评价。如果能把评价的时间节点列出来就更好了。

第六步，设定评分比例。为所有需要打分的评价对象设定百分比，方便教师最后计算项目总分。不含分值的主观性评语不用设置百分比。

按照以上六个步骤，我们可以将表 2–15 细化为表 2–16，得到“有爱的包装盒”项目评价矩阵。

表 2-16 “有爱的包装盒”项目评价矩阵

主产品 / 表现	学习目标	评价证据	评价方式	评价时机	分值比例
平面图	• 探索几何图形面积和体积的计算方法，会计算常见立体图形的体积和表面积。	平面图数据、比例的准确性，可操作性	教师的及时反馈、评价量规	里程碑 2 结束时（形成性评价）	30%
礼物包装盒 / 袋	• 尝试在真实的情境中发现和提出问题，探索运用数学知识解决问题。 • 在解决问题的过程中体验成功的乐趣，体验并欣赏数学美。	礼物包装的完整度、美观性、实用性、材料的选择	主观性评语、优秀包装设计评选	里程碑 3 结束时（形成性评价）	--
有效沟通与合作	• 能够通过有效的交流达成自己的目的。 • 能够与他人合作，共同实现一个目标。	日常沟通，团队合作，问题解决	评价量规（自评、互评）	每个里程碑结束时（形成性评价）	30%
成果汇报	• 善于倾听和表达，能够吸收他人观点，表达自己的观点。 • 能够通过语言、艺术和设计等方式来表现美和创造美。 • 具备用户思维，能够设计对用户友好的产品。	演讲、产品设计理念、用户思维	评价量规、教师反馈	成果展示时（终结性评价）	40%

工具 10 工作计划表

主任务	主产品	子任务	子产品	课上 / 课下	所需课时	截止日期	负责人	资源需求
主任务 1	主产品 1	子任务 1	子产品 1					
		子任务 2	子产品 2					
		子任务 3	子产品 3					

为何使用

项目式学习时间跨度长、教学形式多元、参与人员多、资源需求丰富，因此项目式学习的教学准备不同于某一节课的备课活动——教师只需关注 45 分钟内的教学，而需要教师对一段时间的教学活动做出整体安排和周密的计划。

在这个计划中，教师不仅要详细写出每一个环节具体的教学活动，还需要关注教学活动的组织形式，例如，明确是要占用课上时间还是让学生课下自行完成，预估教学活动所需的课上课时或课下时间，对照项目里程碑事件来规划每一项活动的截止日期，对照“小组角色设定表”（参阅工具 4）中的相关角色，确定每项工作的负责人。项目负责教师需要预估项目所需的资源，包括项目相关教师、专家等人的资源，所需设备、场地等物的资源。

这些内容需要用一个工具来统筹，原因在于：首先，全面掌握项目的进程、团队和所需资源，是项目管理的关键环节，也是项目管理人员必备技能；其次，项目组教师可以通过这个工具清晰地了解项目的进展情况，指导自己的工作进度和教学安排；再次，项目组所有学生也可以通过这个工具了解自己的职责有哪些、当下的学习进度处于项目哪个阶段，以及还有哪些资源需要准备等。

何时使用

“工作计划表”可以在第三模块“计划筹备、整合资源”中使用。

如何使用

我们可以按以下几个步骤来使用“工作计划表”。

第一步，我们需要对整体的教学安排进行拆解，以“问题—任务—产品对应表”（工具 8）中的主任务和主产品作为工作计划的主要框架。接着需要把主任务拆分出子任务，例如，“人物访谈”项目的主任务之一是制订访谈计划，这需要团队共同完成“确立访谈目标”“了解访谈人物”“确立访谈提纲”三项子任务，并列出这些子任务需要产出的产品（见表 2–17）。

表 2–17 “人物访谈”项目工作计划表 1

主任务	主产品	子任务	子产品	课上 / 课下	所需课时	截止日期	负责人	资源需求
		确立访谈目标	访谈目标					
制订访谈计划	访谈计划书	了解访谈人物	人物分析报告					
		确立访谈提纲	访谈提纲					

第二步，教师需考虑每一项子任务是在课上进行还是课下进行。例如，确立访谈目标需要团队成员共同商议，最好安排一节课来统一目标。而人物资料的分析，教师则可以给学生提供资料，让他们课下自主研究。

第三步，教师需要根据项目的整体规划和学校的授课安排，确定每一项工作的截止日期。例如，如果教师认为学生需要深入地学习和研究人物的背景资料，那么短短一两天是不够的。教师需要给学生留出至少五天的时间，并相应后延任务的截止日期（见表 2–18）。

表 2–18 “人物访谈”项目工作计划表 2

主任务	主产品	子任务	子产品	课上 / 课下	所需课时	截止日期	负责人	资源需求
制订访谈计划	访谈计划书	确立访谈目标	访谈目标	课上	1 课时	4 月 2 日		
		了解访谈人物	人物分析报告	课下	4 小时	4 月 8 日		
		确立访谈提纲	访谈提纲	课下	2 小时	4 月 10 日		

第四步，教师需要和学生商议每一个子任务的负责人。有的负责人由教师来承担，例如“确立访谈目标”这类把控项目方向的任务，应当由教师来负责（见表 2–19）。具体操作层面的任务，由“小组角色设定表”（工具 4）中学生的第一角色来负责。

第五步，教师和学生一起对每个子任务所需资源进行规划。例如，人物分析报告的生成需要有大量权威的人物背景资料，这是学生很难通过自己搜索或查询获得的，教师应当给予支持，并对其进行审核，帮助学生准备好关于人物背景资料的学习资源包。

表 2–19 “人物访谈”项目工作计划表 3

主任务	主产品	子任务	子产品	课上 / 课下	所需课时	截止日期	负责人	资源需求
制订访谈计划	访谈计划书	确立访谈目标	访谈目标	课上	1 课时	4 月 2 日	教师	讨论工具：白板等
		了解访谈人物	人物分析报告	课下	4 小时	4 月 8 日	小 C	人物背景资料
		确立访谈提纲	访谈提纲	课下	2 小时	4 月 10 日	小 D	记事本

工作计划表一旦确立，不能随意修改，以免造成混乱。因此我们建议项目负责教师拥有这个表格的修改权，项目其他教师成员和学生成员可以拥有这个表格的浏览权和建议修改权。项目成员应该及时将遇到的问题和建议反馈给项目负责教师，以便教师及时对工作计划表进行修改、更新和发布。

工具 11 故事板

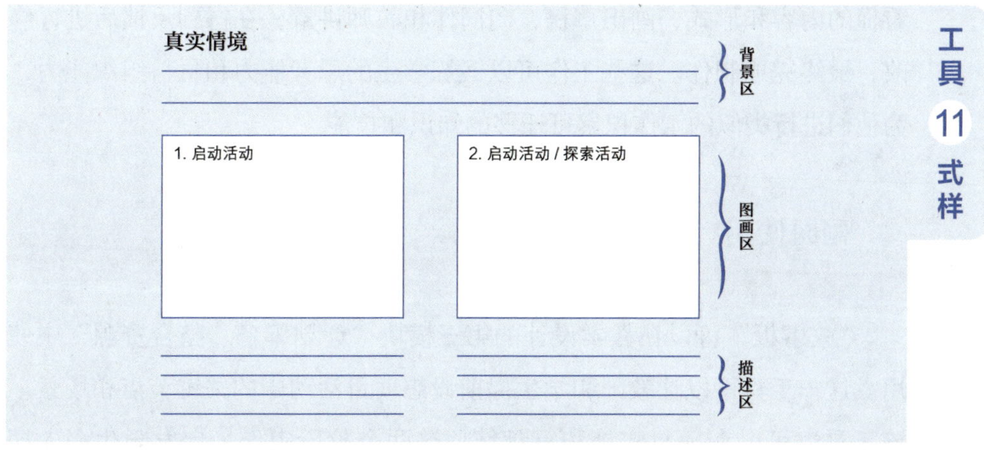

为何使用

在设计课程时，教师需要对项目各阶段学习目标的考核重点、关键活动和场景有一定的计划和把握。如果完全用文字来表达这种计划活动，就不得不在设计、实施、评价、反思等阶段反复阅读和回顾。而视觉化的表现方式可以使教师更清晰、更有条理和更具象地表达项目各个阶段的主旨和关键活动。人类的大脑更喜欢视觉化的表达。“故事板”除了让教师查看起来更加方便快捷，也可以让学生、其他观众更加清晰和明确地了解项目活动的重点和难点。

视觉化的表现方式有很多种。简单来讲，有文字表格、具象图示、抽象图示、抽象绘画等形式。在“故事板”中，图画和文字相结合，来描绘项目式学习中的情境、活动、人物和场景等。“故事板”赋予了整个项目设计全局感和场景感，使师生在实施过程中能够快速领会项目实施的要点，并在视觉图例的辅助下充分发挥想象，进行积极思考和深入探究。

教师也可以教会学生使用“故事板”，这样学生在拍摄视频、举办博物馆展览等项目活动中，就可以规划和设想视频拍摄场景、博物馆陈列等细节，从而非常具象地设计和展现关键场景和步骤。在“故事板”的绘制过程中，学生需要收集相关资料，把不同类型的资料组织成组员和教师能看懂的内容和形式，画出草稿，向同伴和教师讲解，在得到反馈后进行修改，最终完成制作。这些工作可以锻炼学生的思考能力和材料组织能力，为他们进行类似的工作积累可迁移的知识和技能。

何时使用

“故事板”可以在教学设计的第三模块“计划筹备、整合资源”中使用。这一工具可以让教师和学生提前设想项目活动中的关键节点和场景。该工具也可以在项目实施和复盘结项这两个阶段中作为启发学生深入探究、总结和反思重点和要点的工具使用。

如何使用

故事板主要分为三部分：背景区、图画区和描述区。

背景区

在背景区，教师可以对项目活动发生的场景、学生年龄、分组情况、主要项目活动和学习目标进行简单描述。例如，“我是博物馆讲解员”项目式学习活动发生的真实情境是教室和博物馆，在小学低年级段实施时，主要项目活动可以包括：认识博物馆讲解员这一职业、介绍博物馆平面图、制定博物馆内参观路线和介绍博物馆展品等。

图画区

在图画区内，教师可以把项目活动的要点以图画的形式表达出来，让使用者可以通过图画快速了解活动要点。图画的形式可以是多样的，教师可以按自己的喜好和习惯进行选择。

图画区内，学生可以画出各个阶段简要但重要的场景、活动和人物等，并在图画下面写出所画内容的要点。

以“我是博物馆讲解员”这个项目为例，在“故事板”的启动活动板块，学生可以画出使学生对即将开始的问题产生好奇和兴趣的场景，如讲解员讲解一件展品或几个人开展一场讲解比赛。在“故事板”的图画区的第二个板块中，可以继续画出启动活动的其他部分，或第二阶段探究活动的重点内容。比如，学生画出博物馆探究活动的几个重点场景，并在旁边的描述区标注讲解员应具备的专业能力和职业要求。学生还可以画一幅招聘启事，通过应聘条件来展示讲解员的专业能力，然后在旁边写出活动对应的学习目标。这样做可以让学生更有角色代入感，增加能动性。

同样，每个项目阶段可以根据实际需要包含一个或多个画面。这些图画及其文字的描述需要围绕项目活动的重点和要点展开，为教师和学生在项目活动实施的过程中提供指引和想象空间。以下是“我是博物馆讲解员”项目的故事板示例（见图 2–9）。

描述区

在这个区域，教师可以对项目活动的要点进行文字描述，如活动的步骤、提问的要点、活动内容等。

项目背景

学生年龄：6—9岁

活动时间：每天课后延时服务的1小时；项目完成需8课时

分　　组：5人1组，共6组

学习目标：了解博物馆的功能；了解从事博物馆讲解员需要具备什么能力；掌握简单的平面图、路线图的画法；掌握描述性语篇的写作及口头表达；分析怎样讲解能把事物讲得更加清楚和有趣；评估自己的作业和他人的作业。

启动活动

- 播放博物馆的图片、视频和讲解员讲解展品的视频，引出驱动问题。
- 提问：你看到过讲解员在讲解吗？你当时有什么感受？你能说一说他为什么讲得好吗？如果你是讲解员，你怎么给大家讲解？

探究活动1　认识讲解员职业

- 以应聘志愿者讲解员的方式，引导学生了解讲解员的工作内容、需要具备的能力等。
- 让学生自选绘画、口头表达和书写的方式进行应聘。

探究活动2　绘制场馆平面图

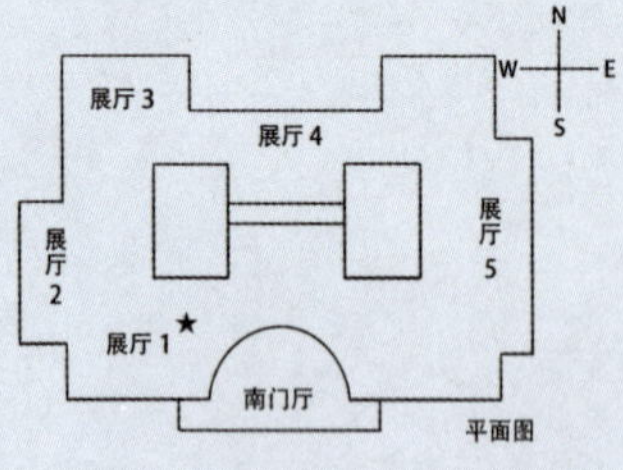

- 给学生讲解简单的平面图结构和绘制要点后，让他们画出所要讲解的展厅的平面图或者某个展厅的平面图。
- 学生可以用乐高小人偶模拟讲解参观路线。

探究活动3　绘制出行线路图

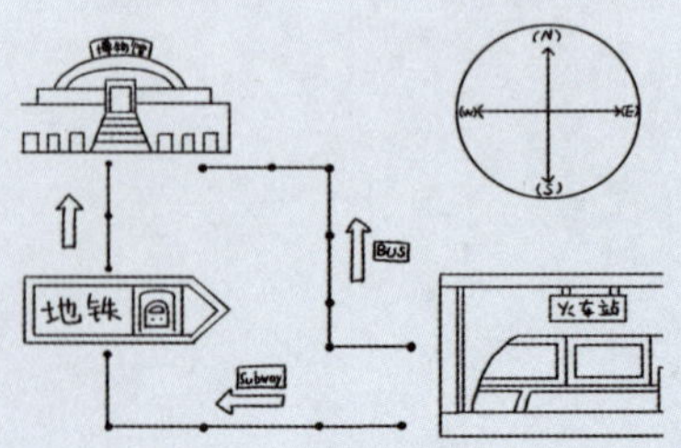

- 指导学生查找简单的路线方位图的绘制方法后，让他们看着纸质或电子地图，画出从某个公共交通站点到博物馆的乘车路线，一条或多条都可以。根据学生能力量力而行。

探究活动4 描述展品

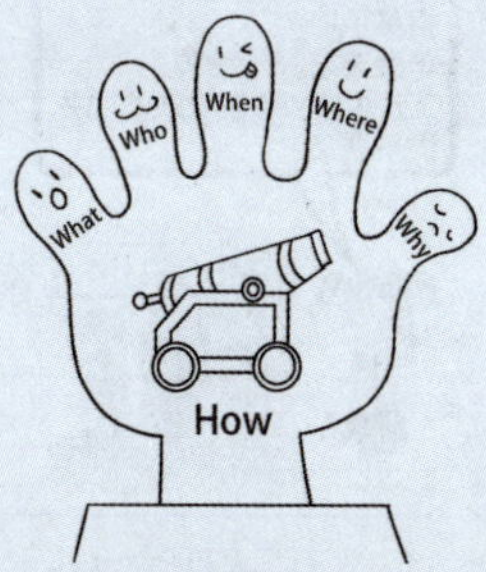

- 指导学生了解5W1H（5W指what、when、where、who、why，1H指how）描写事物的方法，让他们挑选想要讲解的展品，运用5W1H方法进行描写。

反馈和修改 讲解展品

- 学生互相评价和给出反馈意见。教师给出修改意见，学生进行修改。
- 提问学生，讲解展品时怎样能让观众听得更清楚、更感兴趣？怎样给不同年龄段的观众讲解，并与其互动？
- 学生进行讲解排练。

成果展示

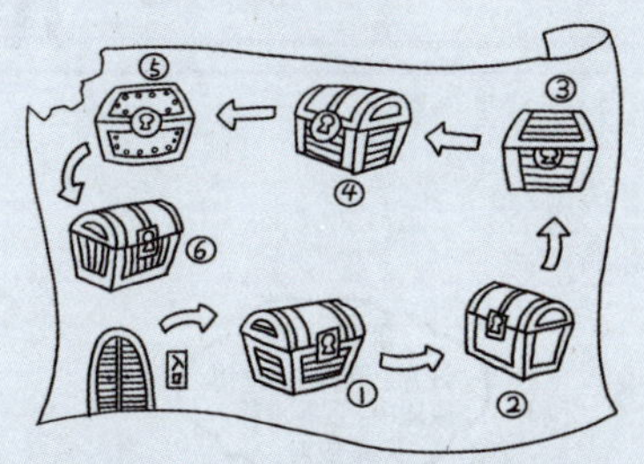

- 展示方式可以采用实地讲解、模拟讲解、藏宝游戏等方式进行。
- 以藏宝游戏为例，在模拟或实地展馆中，把学生要讲解的展品分别藏在几个藏宝地点，让学生以小组或班级为单位，按展馆参观顺序在藏宝点抽取“宝藏序号”，由相应的学生来讲解宝藏。

图 2–9 故事板示例图

除了手绘的故事板，教师还可以使用一些场景描绘应用工具来制作电子版的故事脚本和分镜头。电子故事板（见图 2–10）更利于保存、分享和传播，也可以激发学生的探究兴趣。教师可以根据自己的习惯和实际情况决定故事板的形式和用哪种方式制作故事板。

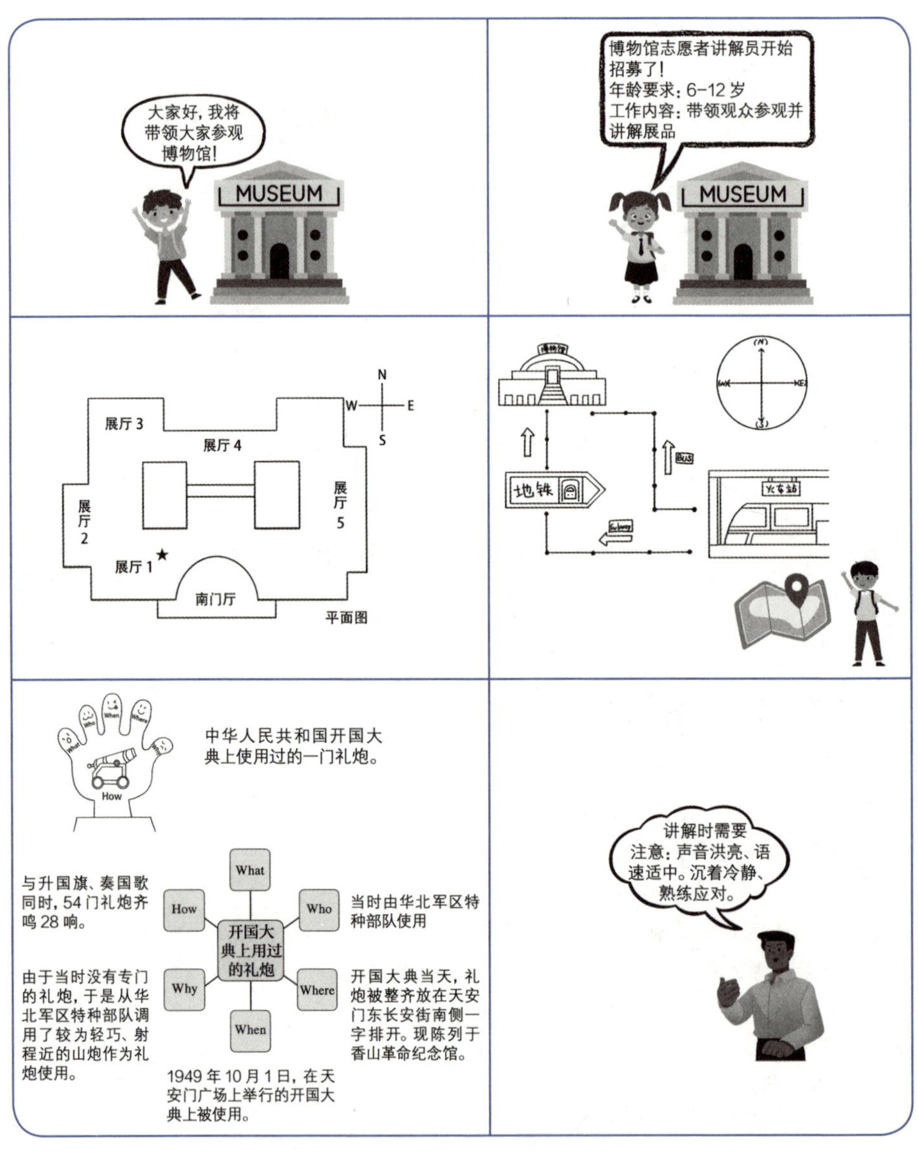

图 2–10　电子故事板示例

故事板的描绘完成后，并不是一成不变、不可修改的。在项目活动实施过程中，教师可以根据学生的探究情况和具体条件适当改动和修订。在学生使用故事板时，教师可以引导他们用适合自己能力的、更加有创造力的形式进行探究和尝试。

三、项目实施阶段工具详解

文化建构类

工具 12 自我介绍模板

介绍维度	介绍内容	介绍时长

工具12 式样

为何使用

在每个人的一生中，可能要做无数次的自我介绍：向不同的人，例如新同学、新朋友、新同事；在不同的场合，例如朋友相识、学期开学、应聘工作、团队融入……第一印象非常重要，我们从小却没有学过这门课。到底应该如何介绍自己？是否有一套自我介绍模板可以带着我们走遍天下？答案是否定的。我们需要根据不同的场合、不同的受众、不同的需求来准备不同的自我介绍。这也是学生在项目式学习中经常能够得到锻炼的内容。

不同于传统课程中学生经常被分配到长期不变的学习小组，在项目式学习中，团队组成常常因项目而异。由于项目式学习是按照角色进行分组的，不同的项目需要由不同的团队组成。学生在开展不同项目时，所在团队的成员可能也不相同。每一次项目式学习都会进行一次全新的组队，因而团队破冰和团队建设就显得非常重要。

而团队破冰的第一步就是相互认识，一般有两种情况。

一种情况是从陌生到相识。例如，这是一个新的班级，面向新生开展项目式学习；抑或这是一个假期研学项目，学生临时组成了一个团队。这就要求学生从基本信息开始介绍，并且给别人留下印象。

另一种情况是重新认识，也就是说学生互相是认识的，只是因为项目需要组成新的团队。在这种情况下，学生无须从自己的姓名、年龄等基本信息开始介绍，而要介绍和这个项目最相关的信息。例如，“我在项目组担任美术总监，我的任务是……希望得到大家的支持。”

教师提供一个模板引导学生开展自我介绍，能够把自我介绍这个环节的作用发挥到最大，让学生相互认识、相互了解，帮助学生团队破冰，为后续的合作打好基础。

模板并不会让学生被模式化表达限制，而是给学生提供支架，引导他们思考与场景更加相关的内容。有了模板的支撑，学生可以在短时间内起草一个更符合场景需求的自我介绍。这一方法，也可以让他们在今后的社交和工作中受益。

何时使用

“自我介绍模板”通常在第四模块“项目启动、分解问题”进行团队建设时使用，也可以用于所有需要认识新团队成员的场景。

如何使用

教师可以按照以下四步来教学生使用自我介绍模板这一工具。

第一步，明确使用场景。

教师首先需要明确，自我介绍发生的场景是属于前面所说的第一类（从陌生到相识），还是第二类（重新认识）。其次需要明确允许团队开展自我介绍的时长，以及希望通过自我介绍能够达成的沟通目标。

第二步，确定介绍维度、内容和时长。

教师需提供必要的框架信息。例如，图 2–11 是用于四川宜宾凉水井中学“新生体验营”课程的自我介绍模板。这个自我介绍的目标是帮助新生放下戒备，尽快熟悉起来，所以选择了介绍基本信息、家庭成员、兴趣爱好等自己比较熟悉的、介绍起来没什么压力的内容。介绍内容提供了一些可参与内容根据课堂时间和团队人数确定了每人介绍 2 分钟。

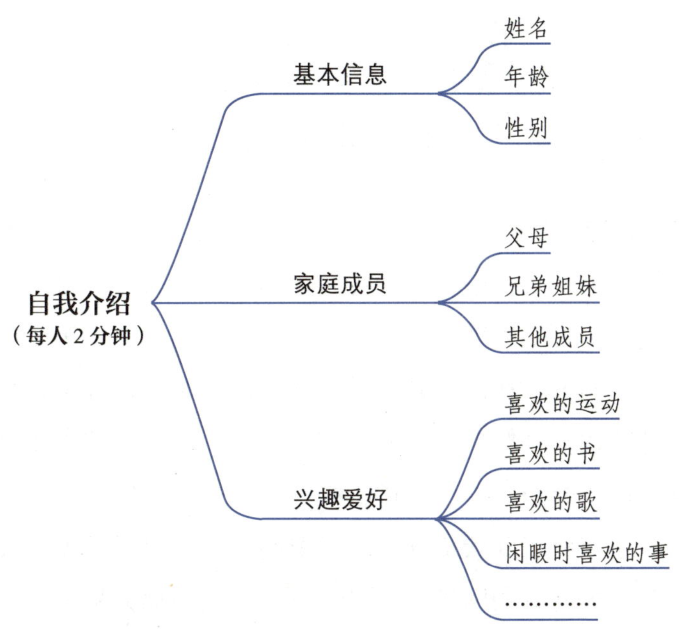

图 2–11　凉水井中学“新生体验营”课程的自我介绍模板

对于低龄的孩子，教师甚至可以提供一些常用的词语、句子，来帮助学生组织语言。又如，教师带领二年级小朋友在假期进行一次项目式学习，学生来自不同的学校，彼此并不认识，因此教师希望他们可以尽快熟悉彼此，于是为学生的语言提供了直接的框架信息，帮助他们围绕自己开心、自豪的事来分享和介绍（如图 2–12 所示）。

认识自己
（每人 3 分钟）

我的照片（自画像）
拍摄于 ____________
特点是 ____________

姓名 ____________
性别 ______ 年龄 ______

我喜欢的
颜色 ____________
运动 ____________
歌曲 ____________
节日 ____________
动物 ____________
食物 ____________
电影 ____________
故事 ____________

我在做这些事情的时候最开心：
____
____
____

我最自豪的时刻是：
____
因为：
____

图 2–12　自我介绍模板（低龄适用）

第三步，制定反馈机制。

自我介绍如果只是一个单向的传递，则意义不大。听众很难记住所有人自我介绍的内容。教师可以设计一些反馈机制，来促进团队成员之间的相互了解。例如，在凉水井中学“新生体验营”课程中，我们请学生先在团队内部逐一介绍自己。介绍完毕之后，请每一位学生挑选一位同学，根据他自我介绍中的信息进行提问。这样的提问环节，将沟通的方式从单向传递变成了网状交互。通过提问，学生可以对团队成员有更加深入的了解。提问者和回答者也可以就一些共同感兴趣的内容建立连接，课下还可以进一步沟通。

又如，在组织项目式学习教师工作坊时，参加培训的学员来自全国各地不同的学校。在破冰环节，我们给团队成员提供了团队名单，但是先不让大家做自我介绍，而是让他们根据团队成员所在地区、所教学科来猜出大家是谁。大家通过口音、穿着和思考问题的方式来猜测彼此。这样的方式比呆板的逐个介绍更加有趣，还增进了了解，活跃了气氛。

第四步，组织自我介绍。

有了前三步的规划，组织自我介绍就非常容易了。教师在活动组织的环节，要严格按照时间规划来组织自我介绍。教师甚至可以使用计时器或安排计时员来把控时间。如果不关注时间，遇到团队成员人数较多时，就会浪费大量时间。我们不必担心学生没有介绍完，自我介绍的目的是破冰。团队成员会在后续的项目中逐渐熟悉起来。

另外，在组织自我介绍时，教师应避免评判自我介绍的内容。因为对于新学生或新团队，教师的评判会加剧学生或团队成员的紧张情绪。教师可把反馈权交给学生，但要及时修正和制止对同伴不友好或不礼貌的反馈。

工具 13 互相画像学习单

工具 13 式样

画像区

书写区

他 / 她的三个特点：

为何使用

项目式学习提倡培养学生的团队合作能力。在项目活动中进行通力合作，不仅是高效完成各项任务的需要，更是一项重要的学习目标。在小组合作中，学生需要快速对小组成员的特点和优势有一定的了解。与队友“互相画像”，是对人物形象和特点进行观察和描摹的过程。学生把同伴的形象经过个体的认知加工后，以书面和口头表达的方式进行交流。这种社交行为为项目活动中的团队合作打下了基础，也是促进团队文化建构的有效方法。

通过社交生活进行学习是未来社会对学习者提出的更高要求。社交学习一方面是人类社会通过狩猎、采集、劳作的集体协作得以生存并发展至今的基因镌刻；另一方面是人类的社会情感需要。人类大脑的默认模式是寻求和他人连接的[①]。也就是说，人的大脑在不做具体任务时，会有一系列脑区的活动更加活跃，指挥我们去进行社交活动并和外部世界保持连接状态。在项目式学习中，教师可以利用学生社交学习的特性，给他们提供互相了解、建立信任和提高团队合作能力的机会。

例如，在项目式学习活动刚开始时，学生组成新的团队，或者小组成员之间尚未熟悉。这时学生如果只是进行简单的自我介绍，便无法快速对小组成员有较深刻的印象，也无法与新同伴产生认知和情感连接。“互相画像学习单”这个工具给学生提供了进一步观察和了解小组成员的机会，让他们能够利用画像总结对方特点并进行互相交谈和情感连接，实现快速“破冰”。

此外，在项目实施过程中，小组成员可能会发现开始的分工不合适，或者组员之间无法配合甚至产生了矛盾冲突。通过“互相画像学习单”，小组成员可以有更深入的交流和互动，可以发现彼此的特长和优势。在互相有了一定了解后，他们能更加合理地调整或优化组员职能。

项目式学习中经常需要团队共同完成任务，而怎样发现和发挥每名组员的优势决定了团队力量是否能被激发。在真实情境中，学生需要和不同性格、能力的同伴合作，需要看到自己和别人身上的优缺点，从而扬长避短。“互相画像学习单”（示例见图 2–13）为学生提供了审视自己和他人的机会。这一工具也可以用于阶段性反思中，让学生思考怎样把小组成员的优势最大化，激发团队的力量。

---

① LIEBERMAN D M. Social: Why Our Brains Are Wired to Connect[M]. New York: Crown Press, 2013.

她的特点：

1.爱笑、眼睛总是笑眯眯的。

2.喜欢整洁，讲卫生。

3.喜欢帮助别人。

她的特点：

1.眼睛大大的，睫毛长长的。

2.总是梳两个小辫子。

3.喜欢交朋友

图 2–13　互相画像学习单示例

何时使用

“互相画像学习单”可以在第四模块“项目启动、分解问题”中作为破冰环节的工具来使用，也可以用于项目实施的过程中调整小组角色，以及用于在评价反思中总结团队合作情况。

如何使用

在小组成员进行自我介绍后，教师可以让他们互相画像，画出他们观察到的对方的特点。画像者不需要很强的绘画能力。学生只要画出对方的主要特点即可，可以画小组中的一个人或多个人。如画多个人，可参考图 2–14。学生可以根据喜好自行选择绘画方式，如拼贴画、简笔画或水彩画等。在画像区下方的书写区，学生可以写出对方的三个特点，可以是对方自我介绍时说过的特点，也可以是自己总结出的特点。教师应根据学生的年龄段和能力，协助他们描绘组员的形象。例如，小学低年级段的学生在互相画像时，教师可以在黑板上写下一些形容词并解释意思，或者让学生在便签纸上写出文字、拼音或画图。最后，学生可以在小组内或班级范围展示画像，并进行口头表达。

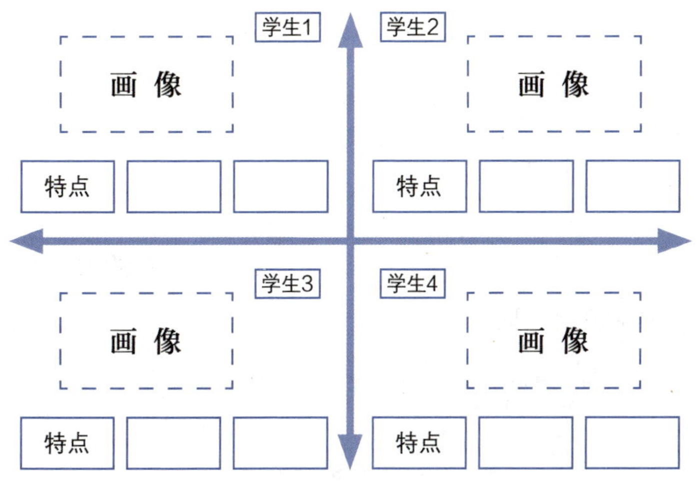

图 2–14 小组互相画像示例

教师可以组织学生进行游戏式的画像展示，如让学生在小组内展示自己的画像和特点描述，并让组员来猜画中是谁。教师也可以让学生在分组之初对组员进行画像，在活动的反思过程中再次进行画像。这样的反思可以使教师看到两次印象的差别，据此调整组员的角色分工，也会让学生明白，在真实世界中，对他人的深入了解需要一个过程，及时思考和调整是合作中很常见的情况。

工具 14 项目墙

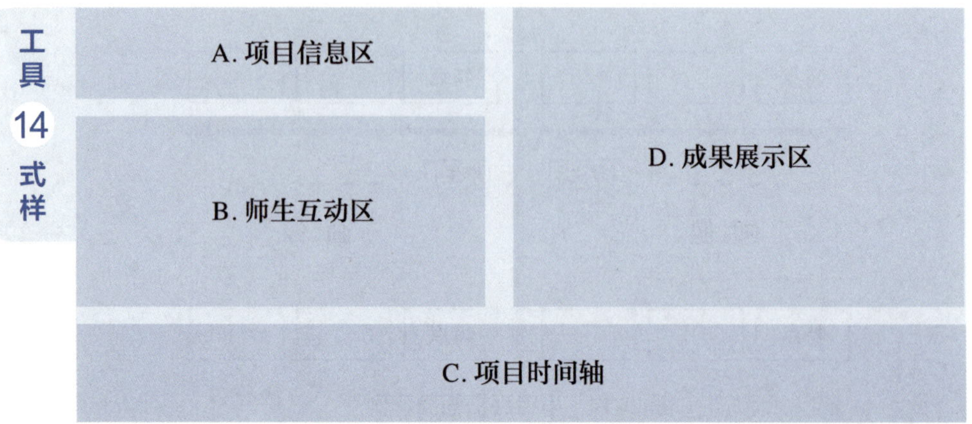

为何使用

一个项目可能会经历一个较长的周期，其间若干个有待探索的问题、里程碑事件和子任务截止日期等都需要每一个项目成员牢记在心。要达到这样的目标，最好的方法就是把项目的关键信息记录在所有人随时可以看到的地方，确保团队不会偏航。

在教学实践中，教师有时会用电子文档来分发这些信息，这样做并不方便团队成员随时查看。教师有时只在入项活动展示这些信息，之后就不再提及了，团队成员很容易遗忘。这两种方法都不如把信息展示在墙面上，形成一个信息中心。这个信息中心的内容可以是固定的，也可以是动态变化的。

在上面的工具式样中，A 区展示的是本项目的基本信息，例如项目名称、核心驱动问题、分解驱动问题和项目组成员等。而 C 区展示的是项目时间轴，包括项目的开始时间、结束时间、里程碑事件和关键节点所需的关键资源等。这些内容一般不会产生太大的变化，相对固定。

B 区是师生互动区。在这个区域，教师可以安排一些学生反馈活动，请他们用书写或贴便利贴的方式提供反馈信息。这个区域也可以用作项目的留言区，来展示团队成员没有来得及当面沟通的信息。还可以用作项目关键知识点的展示区。这些知识点包括语言类项目中的关键词汇、数学项目中的知识概念图等。

D 区是成果展示区。在这个区域，教师可以动态展示学生在项目过程中的阶段性成果，包括个人成果和团队成果，让每一个学生都有被看见的机会。成果展示区内依然可以设置反馈区，鼓励学生之间的交流和反馈。

高质量的项目墙不仅可以帮助团队成员牢记项目关键信息，还可以营造良好的项目氛围和文化，给学生一个高效、友好的沟通渠道，一个公平、安全的展示空间。我们希望每一面项目墙都能包括以上四个区域，但是四个区域的大小并不是固定的，教师可以根据自己的项目需求进行调整。

何时使用

项目墙应该在第四模块“项目启动、分解问题”前布置完成，并持续使用到项目结束，即从项目的第四模块开始贯穿至第七模块“成果凝练、成果展示”。

如何使用

教师可参考以下四步灵活使用项目墙这一工具。

第一步，项目开始前，教师需要在教室内选定一块可以作为项目墙的区域，向学生讲解项目墙的区域划分、内容安排等，并将这面墙的布置工作交给学生。

第二步，学生划分和设计项目墙的区域，并布置好 A 区和 C 区这两个信息相对固定的区域。

第三步，学生可对 B 区和 D 区的版面进行一定的装饰，预留出动态更新的空间。

第四步，教师和学生共同维护集体的项目墙，及时更新和调整对项目墙上的信息。

图 2–15 为安全力教育基金会 PBL 项目的项目墙。

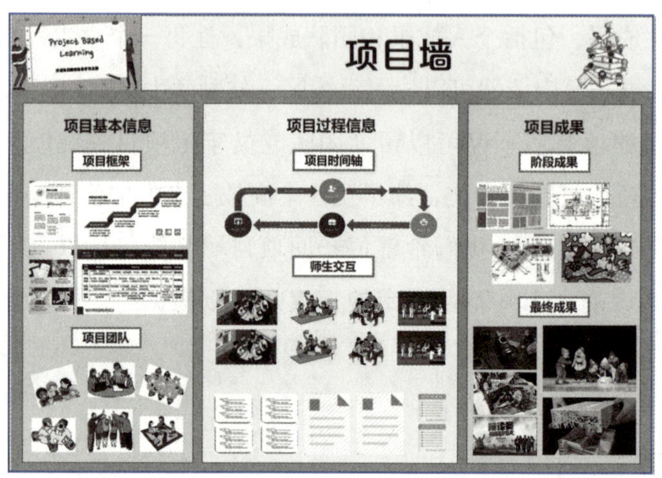

图 2–15　项目墙示例（来自安全力教育基金会）

工具 15 积极反馈表

	正向	具体	有帮助
积极反馈表	我非常喜欢你……的方式。	当你……的时候，你特别棒！	你可以给你的……增加一些细节。
	活动中你一直非常棒地……	在第一段／第一个环节／第一次小组活动中，你……	你想过调整这一段／这个部分……会怎样吗？
	这个活动中你做得最好的是……	我觉得你在……中，可以更好地……	关于改进的方式，你想想是不是可以……
	我认为你写得／画得／做得非常棒，因为……	你可以尝试在第二段中加一些……	别忘了……

为何使用

积极反馈表可以赋予观众／学生／教师评价者的角色，并将他们的注意力引导到项目活动中值得关注的方面。在给学生提供反馈时，评价者还能及时地提出问题，促使学生在解答问题时深入思考和理解学习内容。教师也可以让学生参与反馈表的制定，强化学生对阶段性产品和最终产品展示的预期认知。展示结束后，学生可以使用这些反馈表来反思他们在项目活动中的表现或继续修改产品。

积极反馈表的三个主要原则是正向、具体和有帮助。积极反馈表使评价者和学生的互动不再是机械的打分与被打分，而是转变为生动有趣的思想和情感交流。它也使评价者和学生的关系从相对对立，转换为平等的协作关系。下面我们逐一阐述正向、具体、有帮助这三个原则。

首先，正向反馈是评价者和学生建立交流的基础。让学生感受到评价者的肯定和情感支持在项目式学习中非常重要。在自主探究过程中，结果常常具有不确定性，学生也总是心怀忐忑。项目式学习的目标并不是要让学生获得好的结果和创作出无懈可击的产品，而是培养学生主动思考、积极合作的能力，提高各项素养。评价者如果执着于学生所完成产品的不完美和他们在项目活动中不尽如人意的表现，给出大量负面的反馈和评价，就会影响学生主动探究和自主学习的积极性。如果评价者能够在项目活动中发现学生的闪光点和优势，并及时给予学生鼓励和正向反馈，那么学生会变得更自信，更愿意进行持续探究。

其次，具体的反馈是指，在正向鼓励的基础上，评价者真诚地给学生提出详细、确切的评价和建议。对于学生做得好的部分，指出哪里好，为什么好，怎样可以更好；而对于尚有欠缺的部分，指出问题出在哪里，探讨为什么会出现这样的问题，可以怎样改进。评价者的具体意见会给学生改进产品、调整心态提供方法和精神上的支持，使学生感受到自己所做工作被看见并被认真对待。也让他们在平等交流的氛围中，体会到给予他人反馈和意见的价值。

最后，积极反馈要对学生改进产品和提高能力有切实的帮助。一方面，反馈者对于学生在完成阶段性产品或最终产品时出现的具体问题给出有针对性的建议或对于学生没有考虑到的因素和问题进行适当的提示和点拨，可以帮助学生进行反思、改进。另一方面，反馈者通过启发式、引导式的提问，可以让学生对问题进行横向和纵向的联系和思考，跳出固有思维，以新的视角审视出现的问题，从而提高认知能力，形成高阶思维。

何时使用

积极反馈表通常在第六模块“解决问题、产出成果”模块中使用。同时，教师对学生的作业、阶段性产品给出反馈意见和建议时，或者同伴互相对阶段性产品进行评价和反馈时，都可以使用积极反馈表。

如何使用

在对项目成果进行积极反馈之前，教师需要在项目活动过程中及时观察学生遇到的问题和困难，以及他们是怎样解决的、怎样进行小组协作、怎样完成小组内各自工作的，并及时进行记录。

例如，在给“课间桌游改造”这个项目活动进行积极反馈时，教师可以遵循正向、具体和有帮助这三个原则，在充分了解学生情况后进行积极反馈，参见表 2–20。

表 2–20　积极反馈表使用示例

	正向	具体	有帮助
积极反馈表	我非常喜欢你们小组的合作方式，组长分配工作后，每名组员都积极地完成。	你们组特别会寻求帮助！组员 ×× 不会使用塑封机时，能够先向组内同学寻求帮助。同学发现塑封机有故障后，又向老师求助。	你们可以把人物飞行棋的制作由面塑改成将人物纸片粘在矿泉水瓶盖上，以增加飞行棋的稳固性。
	在制作桌游说明书的时候，你一直在帮助组长写字和画画。非常棒！	在今天上午的小组活动结束后，你能够主动收拾小组的用具和材料，并把它们放到原来的位置，真棒！	你有没有想过，如果把这个桌游的棋盘格子改少，游戏难度会增加还是降低呢？
	你们组的桌游改造得太有趣了，考虑到了学校的真实场景，也增加了游戏的趣味性。	我觉得在桌游说明书里，你们可以写有关如何使用的说明文字，还可以画画或绘制思维地图。这样以图文结合的方式来呈现会更直观。	别忘了课间只有十分钟，怎样让你的桌游在十分钟内结束，并且还好玩儿？

正向反馈要让学生知道自己哪里做得好，需要继续保持，使学生有动力继续坚持。例如，教师可以使用这样的反馈：我非常喜欢你们小组的合作方式，组长分配工作后，每名组员都在积极地完成。

具体的反馈要从具体的时间点和事件出发表扬学生和提出意见，让学生感受到教师看见了他们的工作和努力，也给予了他们具体可行的建议。例如，教师可以说，你们组特别会寻求帮助！组员 ×× 不会使用塑封机时，能够先向组内同学寻求帮助。同学发现塑封机有故障后，又向老师求助。

最后，教师在反馈时要注意细节、有针对性和对学生有实际帮助。

只要给出的反馈意见是正向的、具体的和有帮助的，教师也可以使用其他形式（如下图的 TAG[①] 反馈方式）进行积极反馈。

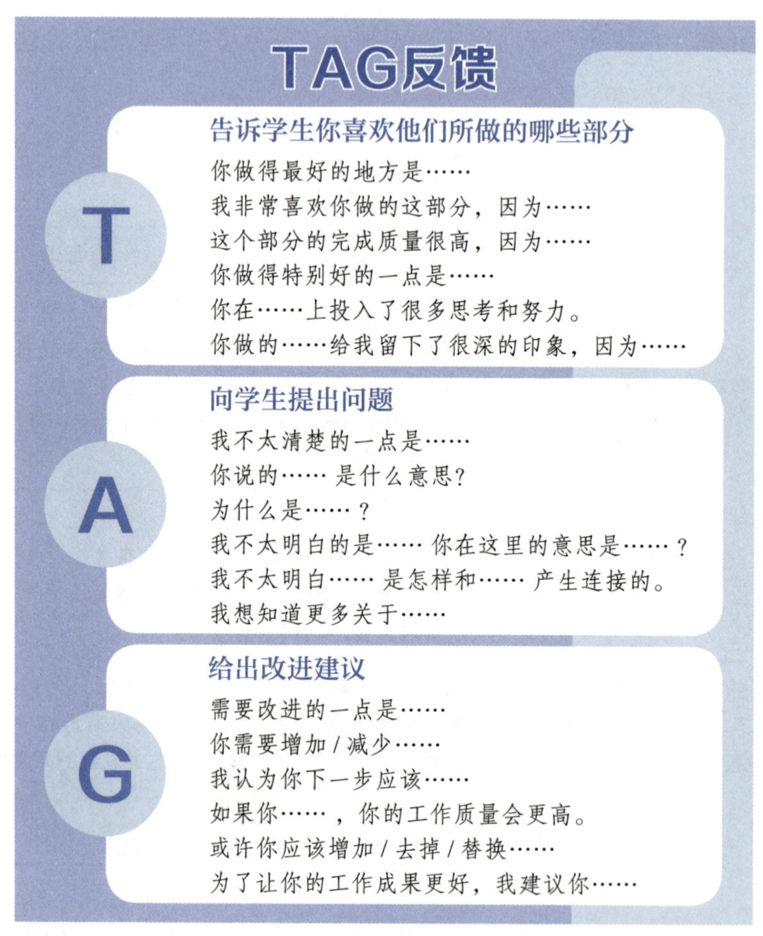

图 2–16　TAG 反馈

学生在使用积极反馈表评价同伴之前，需要对同伴在项目活动中的表现进行观察和记录。在给出反馈意见时，可以参考积极反馈表工具式样中提供的句型。运用本工具评价他人的同时也是一种积极的自评，学生可以参照同伴的表现反思自己的表现。

① TAG 为 Tell（告诉）、Ask（提问）和 Suggestion（建议）的首字母缩写。

工具 16 小组公约

问题区	小组合作中可能遇到的问题	
公约区	小组公约的常用语	小组成员应…… 讨论时应…… 小组发言时应…… 赞同观点时可以…… 反驳观点时可以…… 小组合作时，鼓励…… 小组合作时，不鼓励……
	小组公约	

为何使用

中国有句老话："没有规矩，不成方圆。"在项目式学习课程中，并不是所有的活动都可以随心所欲的，而是在一定的规则下赋予学生自由的权利。蒙台梭利说过："要实现纪律，必须通过自由。"[①]这一纪律或规则，不是由教师单方面宣布的，也不是挂在墙上的冷冰冰的条例，而是由学生自主制定的。

在项目式学习中，教师和学生需共同遵守的约定被称为"公约"。这个公约可能出现在多个不同的场景，例如，"班级公约"或"课堂公约"可用于全班活动，"小组公约"或"团队公约"可用于团队活动，"个人公约"可用于规范项目式学习中的个人行为。

"公约"的制定并不是凭空而来的，也不仅仅是对已有的条例做一些改变，而应基于发现问题、解决问题的思路。

因此在小组公约的模板中，首先出现的是"问题区"。在小组合作中，可能会遇到"团队成员无法达成一致""团队成员互相埋怨"等问题；在课堂管理中，可能会遇到"教师过多干涉学生的观点""课堂秩序

① 蒙台梭利. 蒙台梭利家庭教育全书[M]. 吴启桐，金海涛，编译. 广西：广西科学技术出版社，2009.

出现混乱”等问题。

小组公约的制定是为了解决问题，因此就会有“团队无法达成一致时，少数服从多数”“团队成员需共同努力解决问题，避免互相指责”等条款。

对于低年级的学生，如果他们还不太会使用书面语，教师可以提供一些语句方面的引导，帮助学生尽可能写出用词规范、表达准确的小组公约条款。

何时使用

小组公约应该在第四模块“项目启动、分解问题”中团队建设的环节完成，并且在团队合作出现了问题，需要公约来规范时，都可以使用本工具制定新的公约或修订之前的公约。

如何使用

教师可以按照以下四步来制定小组公约。

第一步，在制定小组公约之前，教师首先要跟学生达成一致，“在项目式学习中我们需要共同遵守一些约定，约定一旦确立，所有学生必须遵守，不得违反”。

第二步，教师带领学生做预测：在课堂管理或团队合作中可能会遇到什么问题？根据以往的经验会遇到什么问题？教师可将学生提出的问题进行筛选和梳理，选出能够通过共同约定来解决的问题。

第三步，教师为学生提供制定小组公约的常用语，或提供一些比较成熟的小组公约作为样例。教师可以让学生自己拟订小组公约的条款，然后引导学生对条款进行修改完善。如果学生拟订了太多的条款，教师还可以引导学生筛选和归类，或通过投票来决定保留哪些条款。

第四步，班级或团队成员共同宣读小组公约，并请所有人签字，承诺在项目结束之前共同遵守这些约定。

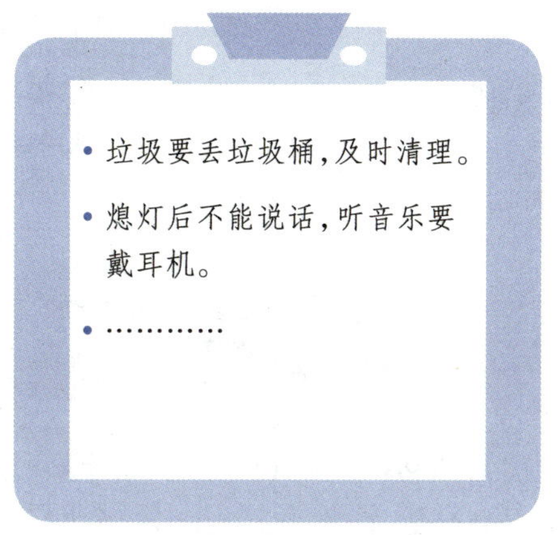

图 2–17　小组公约示例 1

例如，在前面提到的凉水井中学“新生体验营”课程中，为了帮助初一新生尽快适应寄宿生活，教师引导学生以舍友为团队，自主制定宿舍公约。这个环节并没有在入校第一天举行，而是在学生已经经历了两天寄宿生活，发现并感受到一些问题后进行。学生首先分享住宿生活中的常见问题，例如，“宿舍不卫生”“睡眠容易受他人影响”等。为了解决这些问题，学生自然会提出“垃圾要丢垃圾桶，及时清理”“熄灯后不能说话，听音乐要戴耳机”等（见图 2–17）。

在多次组织学生制定小组公约的活动中，我们发现学生其实什么道理都懂，只是不愿意遵守。不愿意遵守的原因，并不是他们叛逆、不听话或者他们故意捣乱，而是因为他们总是被要求、被强迫、被惩罚，而很少有人告诉他们为什么要遵守这些规定。

在项目式学习制定公约的过程中，我们会鼓励学生发现问题，再用小组公约去解决问题。这样他们就能清楚地知道为什么要遵守约定，也愿意遵守自己主动制定的规则（见图 2–18），还能够相互监督。从制定小组公约开始，项目式学习就在营造一种相信的文化，教师相信学生可以自己发现问题、解决问题，可以遵守自己制定的公约。

班级 二到王　姓名 唐华

宿舍公约

住宿生活中可能遇到的问题	1.同学打呼吵醒其他同学。 2、同学翻身时，床会摇。 3、东西可能会找不到。
制定宿舍公约的常用语	严格遵守……　尽量做到…… 要做到……　不要做…… 为了……　我们需要共同…… ……时间点之前…… ……时间点之后……
宿舍公约	1.不能未经同意拿别人的物品。 2.减少产生个人垃圾，保护宿舍环境。 3.保管并整理个人物品。 4.十点半之前上床睡，七点后起床。 5.晚上灭灯后尽量做到不说话，不起床，不乱动。 6.严格遵守公约，违反公约要受到惩罚。 7.为了有一个舒适的宿舍生活，我们需要共同努力养成好习惯。

班级 七、二　姓名 冯灿恒

宿舍公约

住宿生活中可能遇到的问题	住宿生活中有可能和同学发生冲突。上床睡觉时睡不着。
制定宿舍公约的常用语	严格遵守……　尽量做到…… 要做到……　不要做…… 为了……　我们需要共同…… ……时间点之前…… ……时间点之后……
宿舍公约	1.十点之后坚决不说话、不打闹、不开灯。2.尽量做到宿舍内的卫生干净，要做到工具摆放整齐，不要乱摆乱放、杂乱无章。3.为了宿舍内卫生干净，我们需要共同地一起打扫卫生。4.十点之前应把该做的一些事情打理好，洗完澡把洗脸巾，桶、牙刷和杯子摆放好。5.把明天要准备的东西收拾好。6.到了十点钟必须上床灭灯睡觉，7.自己的东西不能放在别人的地方。

图 2–18　小组公约示例 2

审辨探究类

工具 17 思维地图

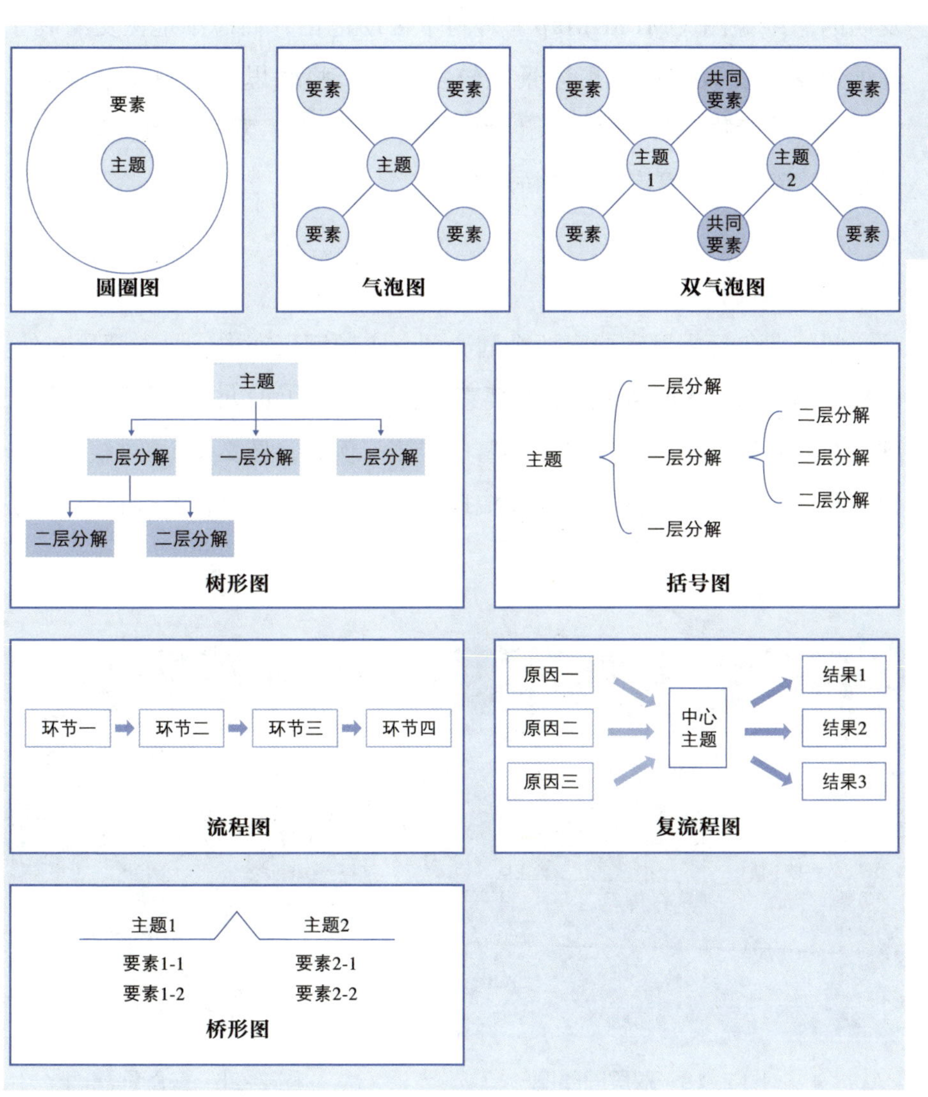

为何使用

思维地图（Thinking Map）[①]由美国哈佛大学教育学院的大卫·N. 海勒（David N. Hyerle）于1988年开发，是用来构建知识、发散思维和提高学习能力的思维可视化工具。英国心理学家东尼·博赞（Tony Buzan）发明的思维导图（Mind Map）有利于帮助记忆，而思维地图更有利于辅助思维，在教学中应用场景比较多。本节将就思维地图展开讲解。

思维地图共有八种形式，包括圆圈图、气泡图、双气泡图、树形图、括号图、流程图、复流程图和桥形图。

圆圈图

圆圈图包括主题和要素两个同心圆，主题圈层在内，要素圈层在外。比较简单的圆圈图通常有主题和要素两层。我们也可以根据需要增加圈层到三层或是四层，来表示逐渐丰富的要素。例如，图 2–19 是对绘本《一园青菜成了精》进行的故事人物梳理，图 2–20 是对项目式学习课程形态进行的梳理。

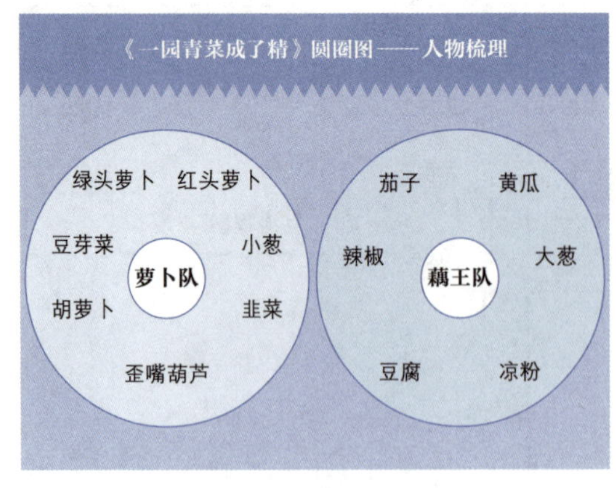

图 2–19　双层圆圈图

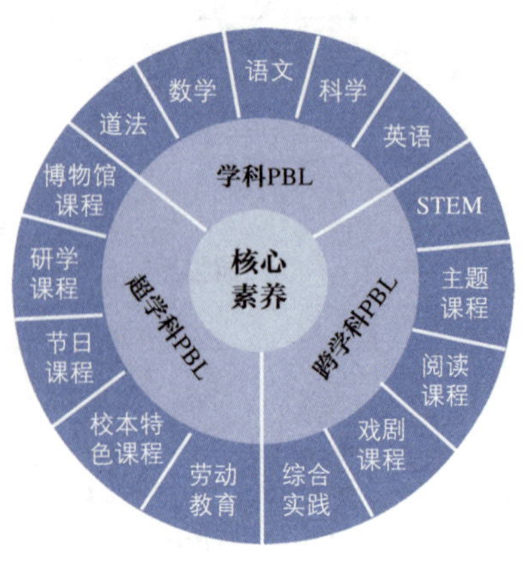

图 2–20　多层圆圈图

① 海勒，阿尔帕. 思维地图：可视化工具的学校应用[M]. 刘海静，主译. 北京：化学工业出版社，2021.

气泡图

在气泡图中，主题位于中间，元素围绕主题通过气泡状的圆圈向外延展，这种形式有利于分解出更多的要素，如图 2–21。

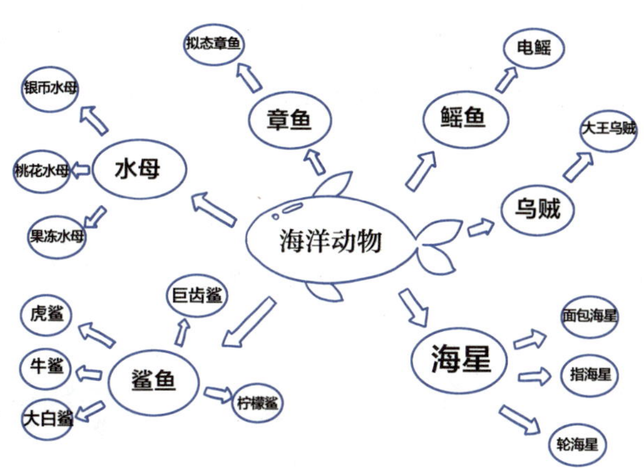

图 2–21　气泡图示例（海洋动物类型梳理）

双气泡图

双气泡图是气泡图的一种变形，可将两个主题的共同点和不同点做区分。共同点位于双气泡图中心，不同点位于两侧，如图 2–22。（下图为幼儿园小朋友总结，带有一定主观性。）

图 2–22　双气泡图示例（小猫和长颈鹿的异同点）

树形图

树形图可用于表达主题与要素之间的层级关系，并通过层级的分解逐渐深入更加细节的要素（例如，利用树形图来绘制组织结构，可以清楚地列出从项目负责人到团队负责人再到普通成员的每一个人），或是对概念进行从抽象到具体的表达。例如，树形图可以用来表示从立体图形这个较大的概念，到长方体的表面积、体积等更为具体的概念之间的关系（见图 2–23）。

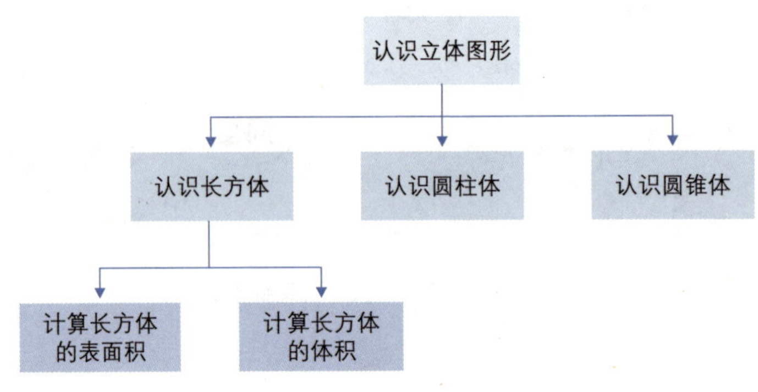

图 2–23　树形图示例（认识立体图形）

括号图

括号图和树形图有些类似，都是总分结构的思维地图，更多用于表示整体与部分之间的关系，逐步拆解，逐步深入。例如，我们在做项目计划时，从总任务到主任务，再到子任务，就是一个逐步拆解的过程。图 2–24 是对一个健康相关的食育课程进行的结构梳理。

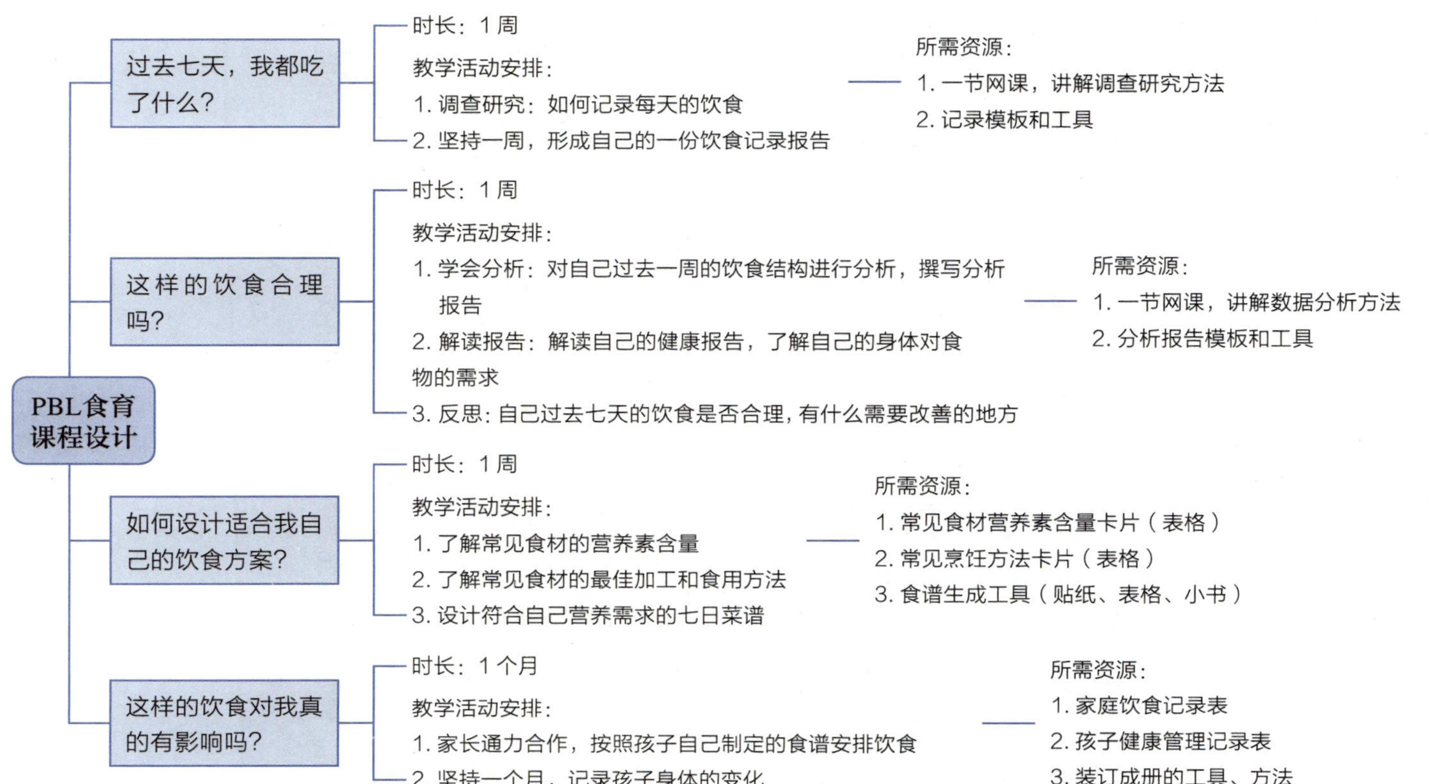

图 2–24　括号图示例（PBL 食育课程设计）

◎ 流程图

主要用于表述有先后顺序的流程性事件。在梳理故事情节、设定步骤、排列时间顺序等教学场景中，使用流程图非常方便，让人一目了然。例如，在对绘本《一园青菜成了精》进行故事情节梳理的时候，流程图就派上了用场（见图 2–25）。

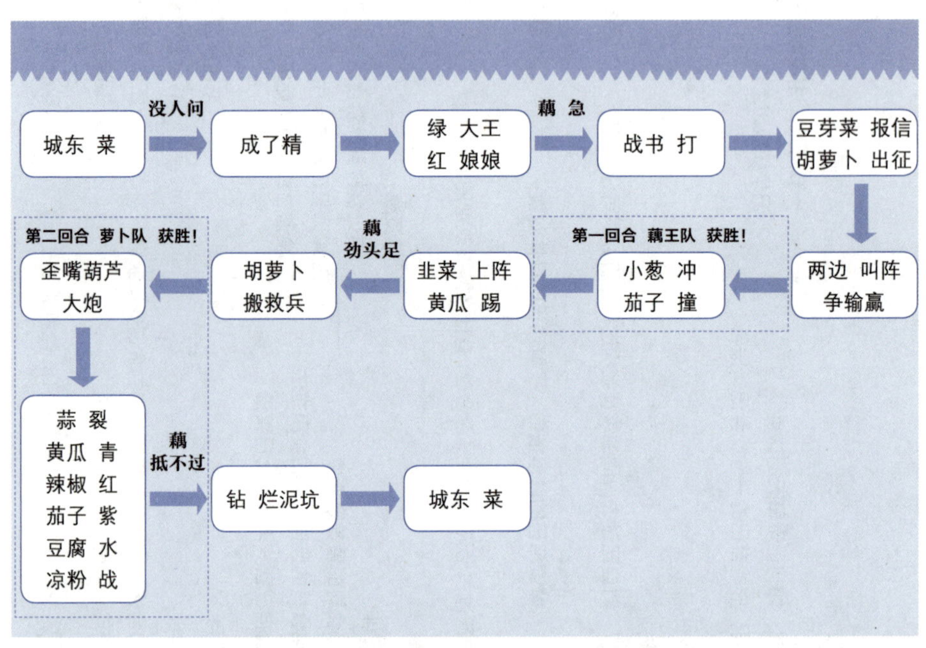

图 2–25 流程图示例 1（《一园青菜成了精》故事流程）

同时，流程图中还可以加入对中间模块进一步拆解的子流程，形成多重流程图。例如，图 2–26 是对小学二年级语文课文《风娃娃》的梳理。

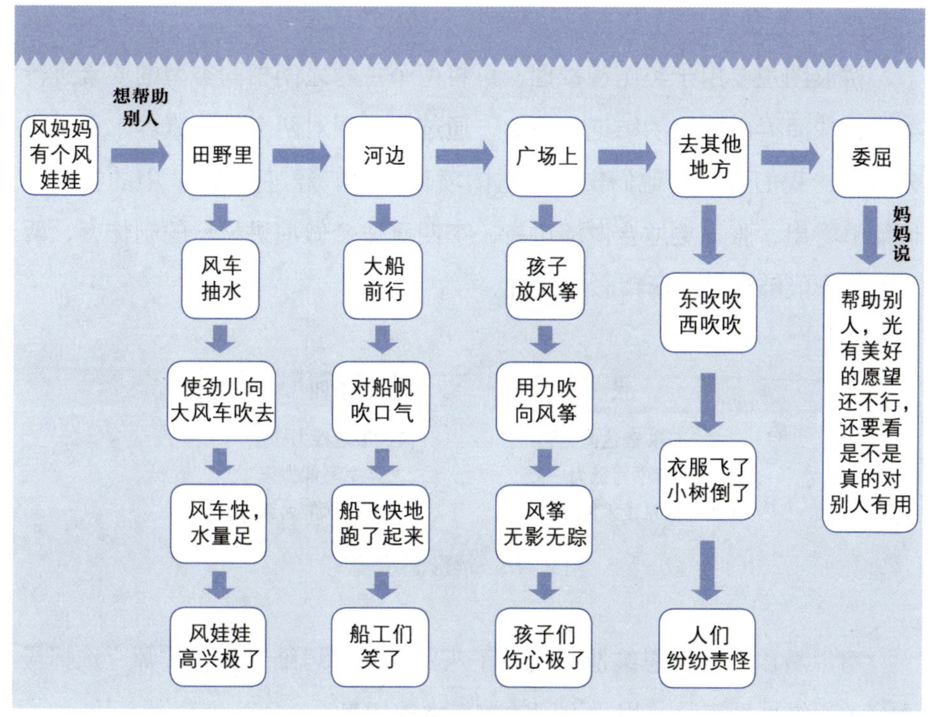

图 2–26　流程图示例 2（《风娃娃》故事线）

复流程图

复流程图用于展示事件的因果关系，中心主题是事件的核心，左侧代表原因，右侧代表结果。例如，用复流程图来分析《一园青菜成了精》，可以理清故事的因果关系（见图 2–27）。

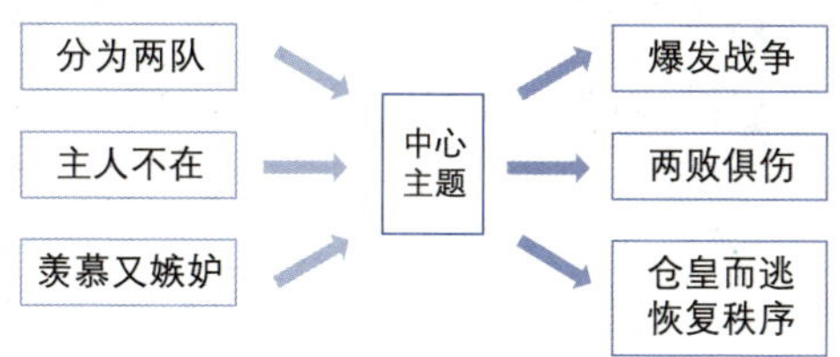

图 2–27　复流程图示例

◎ 桥形图

桥形图主要用于类比和推理，可将两个主题之间相同类型的要素进行类比，从而得出推理的结论。例如，通过桥形图对两个人的素养水平进行分析后，我们可以为他们安排合适的项目角色。通过图 2–28 中的类比我们能够看出，张三更适合做演讲者，李四更适合做演讲材料的制作者，两人的合作能够贡献一场精彩的演讲。

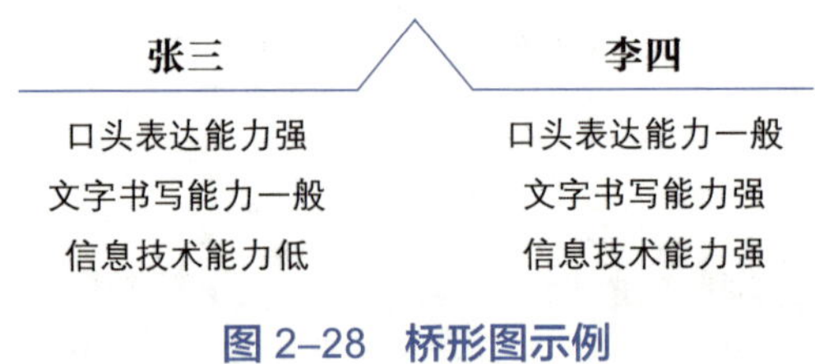

图 2–28　桥形图示例

可以看出，八种思维地图代表了八种不同的思维过程。教师应选择最适合的思维地图工具，用于不同的教与学的场景。

何时使用

思维地图工具可能出现在所有项目环节中。确定项目选题时，可以用气泡图或双气泡图开展头脑风暴，用括号图拆解项目问题；项目启动时，可以用流程图制作项目时间轴，用树形图绘制组织架构；项目实施过程中，可以用复流程图梳理问题的因果关系，用桥形图安排项目角色；项目结束时，可以用各类思维地图作为成果展示的素材，用圆圈图、复流程图做项目反思。

如何使用

工具需要用在合适的场景中才能发挥效用。我们经常在课堂上看到这样的场景：在讲解了一部分知识后，教师请学生用思维地图总结自己学到的知识。家长也常常会接到教师布置的作业，“用思维地图进行……”。但此前，教师并没有安排专门的课时来教学生如何使用思维地图，如每一种思维地图有什么特点、使用中有哪些注意事项。学生上交的思维地图五花八门。通常作为模范作业展示的，都是颜色较为丰富、版面较为整洁的，但这样的思维地图可能存在缺乏对关键词的提取、信息的所属关系不正确、思维结构不清晰等问题。

因此，教师在使用思维地图时，应当遵循如下步骤。

1. 明确当下的教育场景适用哪一种思维地图。
2. 对学生进行思维地图的专项教学，让学生理解在绘制这类思维地图时的注意事项是什么。
3. 教会学生提取关键信息。提取关键信息是一项重要技能，也是思维品质的一种体现。低年级的孩子可能会把一整句话写在思维地图里，不太会写字的孩子会用图画代替。为了鼓励表达，教师并不需要对书写提太高的要求，而要鼓励学生用关键信息来表达。如图 2–29 所示，这位一年级的小朋友还不太会写字，但是他用简单的图标通过流程图讲述了一个生动的故事。

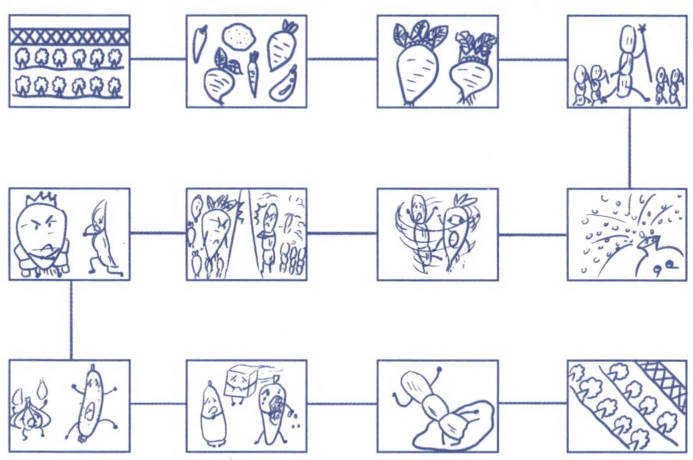

图 2–29　一年级小朋友的涂鸦流程图

4. 指导学生绘制思维地图。对于初学思维地图的学生，教师可以先做出示范，再让他们自己绘制。对于经常使用思维地图的学生，教师需要对他们绘制的思维地图进行指导和反馈。

5. 评价学生的思维地图作品或作业。评价是促进提升的利器，通过恰当的评价，学生可以知道绘制思维地图的要素、关键点，以及使用思维地图的意义。思维地图不是绘画作品，教师不能只把美观作为评价标准。例如，利用下面这个非常简单的评价表（见表 2–21），可以对思维地图的完成情况进行全面评价。

表 2–21　思维地图评价表

思维地图评价指标	评价等级（打钩）					
	非常符合	比较符合	基本符合	基本不符合	完全不符合	分数
	5	4	3	2	1	
思维地图类型的选择						
关键词提取						
整体信息表达明确						
信息之间的关系表达正确						
绘制整洁美观						
					总分：	

工具 18 KWL表格

K 我知道什么？ What I know？	W 我想知道什么？ What I want to know？	L 我学到了什么？ What I have learned？

为何使用

KWL 表格由唐娜·奥格尔（Donna Ogle）于 1986 年提出，最早作为说明文阅读工具使用。阅读前学生先思考文章的主题、自己已经知道的信息，并将它们写在第一列中，然后提出他们想知道的信息，并写在第二列中。学生将带着第二列中的问题进行阅读，在阅读完成后，把自己的学习收获填写在第三列中。

这一工具引导学习者基于自己已有的知识或经验，在主动思考和建构中学习知识，是以学生为中心的体现。事实上 KWL 表格不仅可以在阅读课程中作为工具使用，更是被很多使用者上升为一种教学策略，广泛应用于各类教学场景。

KWL 表格既可以用于对一篇文章的思考，也可以用于对一节课或一段经历的思考。在项目式学习中，我们时常需要学生开展这样的反思活动。教师可以做大周期的 KWL 表格，例如，在项目一开始时，就请学生梳理自己已经知道的和想要知道的，以此作为项目探究的方向。项目结束后，教师再请学生回顾已经学到的，来检验项目的学习效果。又如，在一次开放性的讨论课堂中，教师可以先请学生用 KWL 表格来梳理自己已经知道的和想要知道的；讨论课结束后，用已经学到的知识来复盘讨论课堂的成效。

同时，KWL 表格也可以在非项目式学习的场景中使用，例如在常规课堂的探究活动中、参观博物馆之前、开始一个科学实验之前等，重点是培养学生提出预期、检验成果的思维方式，使他们成为一名有方向的学习者、主动建构的学习者和积极的反思者。

何时使用

KWL 表格应用场景广泛，适用于项目式学习第三阶段“项目实施”的所有模块中。教师和学生在充分掌握了这个工具的使用方法后，还可以在阅读、科学和综合实践等课程的探究性学习、批判性思维培养的课堂当中使用。

如何使用

KWL 分别是三个字母的缩写。K 是 Know，即“关于本项目的问题，我知道什么”；W 是 What，即“关于本项目的问题，我想知道什么”；L 是 Learned，即“经过本次项目，我已经学到了什么”。

在使用 KWL 表格的时候，需要明确的是，前两列的填写发生在教学活动开始之前，最后一列的填写发生在教学活动结束之后。

第一步，填写我已经知道的。这个部分学生可以自主填写，也可以通过团队内部的头脑风暴来查缺补漏，从他人的见解中补充自己没有想到的内容。

第二步，填写我想要知道的。这个部分最好由学生自主填写。学生可以先列举自己想要知道的问题，然后归类和筛选问题，选出几个或几类最想知道的问题。教师在这个环节可以提供一定的引导和指导，对于任何过于不切实际的想法，可以适当提醒。

第三步，填写我已经学到的。教师在学习活动结束后，或是结束前的课上预留填写时间，请学生对学到的内容进行梳理：哪些问题符合自己的预期，哪些自己想知道的问题还没有得到解决，后续还可以开展哪些拓展学习活动来解决这些问题。例如，凉水井中学“新生体验营”课程的一个环节是帮助学生认识学校文化和办学理念。通常在这个环节，学生都是通过校长讲话或是学校宣传册来获取信息。其实经过这个过程，学生很少记得住校长讲了什么，也很少认真阅读学校宣传册。在项目式学习的新生体验营中，我们请新生作为学校代言人，来学习并讲解学校文化。在这个模块的活动开始之前，教师为学生准备了参考资料的资源包，包括学校的官方公众号、各媒体对学校的报道、学校文化宣传栏的照片等。但是，学生只有在填写了 **KWL** 表格（见表 2–22）的前两列之后才能获得这些信息。活动结束后，学生还需要填写第三列。

表 2–22　凉水井中学“新生体验营”项目的 KWL 表格

K 我知道什么？ What I know？	W 我想知道什么？ What I want to know？	L 我学到了什么？ What I have learned？
凉水井中学曾经要被撤并。 凉水井中学今年中考成绩很好。 凉水井中学的课堂很活跃。	中学和小学有什么不同？ 凉水井中学有什么秘诀？ 我在凉水井中学是否能获得成功？	凉水井中学的理念是打造一所“未来学校”。 凉水井中学的校训是“让学校成为一片森林”。 凉水井中学的课堂是“创生”课堂，鼓励合作学习。

工具 19 STW三步提问法

工具19式样

S 我看到了…… I see...	T 我想到了…… I think...	W 我想知道…… I wonder...

为何使用

STW 三步提问法源自哈佛大学教育研究生院发起的“零点计划”（Project Zero）。零点计划由美国哲学家纳尔逊·古德曼（Nelson Goodman）于 1967 年发起，最早聚焦于对艺术的理解和学习，旨在探索人类思维与学习之间的内在联系。几十年来零点计划也纳入了不同学科的视角，以培养人类在学习、思维、智力、创造力等方面的潜能。

在零点计划的思维工具中，STW 三步提问法是项目式学习经常用到的。STW 三个字母代表看见（See）、思考（Think）和提问（Wonder）三个阶段。

这个工具鼓励学习者进行仔细的观察和深刻的理解，然后再提出疑问，有助于激发学习者的好奇心，为后续探究做好准备。

在真实的课堂中，教师经常反映学生提不出好问题。此时我们应该反思的是，我们是否给了学生足够的时间去观察、去思考，又能否接纳他们提出的所有问题？在知识体系安排非常紧凑、每一个 45 分钟都被精准安排的课堂，我们的学生很少有机会仔细观察一件有趣的事情，深思熟虑后再提出自己的问题。而且教师也经常因为学生提出了“离谱”的问题或无法立刻给出答案的问题，而把一次宝贵的提问搪塞过去。

好的创意经常来自好问题。学生习惯了“满堂灌”的课堂，习惯了快速回答问题，也就慢慢变得提不出问题来，创造力的培养也就无从谈起。

STW 三步提问法是教师带领学生进行探究性学习的非常好用的支架。刚刚使用这个工具的教师一定要具备足够的耐心，等待学生做好提问的准备，也准备好迎接学生可能给我们带来惊喜的好问题。

何时使用

STW 三步提问法适用于项目实施阶段的四、五、六模块，教师在组织学生开展探究性活动时都可以使用。这个工具可以用于对一件艺术品、一篇文章、一个视频的研究，也可以用于对一种社会现象、一种行为方式的研究。

如何使用

教师可以按照以下几个步骤使用 STW 三步提问法。

第一步，教师带领学生明确要研究的对象 —— 是一张照片、一件艺术品，还是一篇新闻稿？教师要帮助学生将注意力聚焦于研究对象。

第二步，教师引导学生观察，并提醒学生先不用做出主观判断，只是观察看到的信息或者线索，并记录下来，填写在 STW 表格的第一列。

第三步，教师请学生尝试解释观察到的信息 —— 为什么会有这些信息出现？你的理由是什么？你想到了什么？在这个阶段，大家可以通过团队讨论来交换意见，拓展思路，总结后填入 STW 表格的第二列。

第四步，教师引导学生说出自己想要进一步了解的信息，并尝试提出问题，将问题记录在 STW 表格的第三列。

第五步，教师将个人或团队的 STW 表格张贴在项目墙上，方便大家共同学习和了解同伴的想法，并在后续的探究活动中随时参阅。

最好的情况是，学生可以一气呵成地完成 STW 表格，思维连贯自然，但这种情况并不是每次都会出现。当教师意识到学生陷入某一个阶段止步不前时，可以用一些引导性问题帮助他们进入下一个环节，例如，"你觉得这里为什么会出现阴影呢？”或者“你觉得这个现象合理吗？”。

2022 年汤加王国火山喷发后，教师和四年级学生进行了一次 STW 讨论。教师要求学生通过仔细观看火山喷发的视频来提出自己想要知道的探究性问题（见表 2–23）。

表 2–23　关于火山喷发的 STW 表格

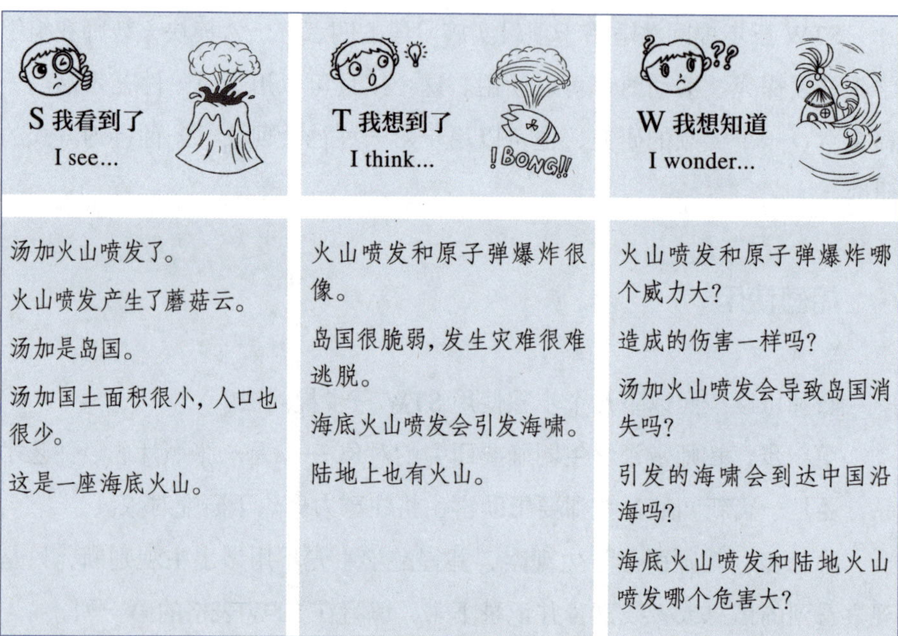

S 我看到了 I see...	T 我想到了 I think...	W 我想知道 I wonder...
汤加火山喷发了。 火山喷发产生了蘑菇云。 汤加是岛国。 汤加国土面积很小，人口也很少。 这是一座海底火山。	火山喷发和原子弹爆炸很像。 岛国很脆弱，发生灾难很难逃脱。 海底火山喷发会引发海啸。 陆地上也有火山。	火山喷发和原子弹爆炸哪个威力大？ 造成的伤害一样吗？ 汤加火山喷发会导致岛国消失吗？ 引发的海啸会到达中国沿海吗？ 海底火山喷发和陆地火山喷发哪个危害大？

从这次探讨中我们可以看出，学生和成人的视角是不一样的。他们在火山喷发的蘑菇云与原子弹爆炸的蘑菇云之间产生了联想，进而希望探讨“哪个威力大”这样的问题。在为这个问题寻找答案的过程中，学生学习了“TNT 当量”这样的专用计量单位，进而对火山喷发的威力有了更深的理解。通过探讨“引发的海啸会到达中国沿海吗？”这一问题，学生又对世界地理有了更多认识。由学生自主生发的探究性问题往往都很有魅力，有时教师无法解答，也会激发教师探究的好奇心从而实现教学相长。

工具 20 概念组织表

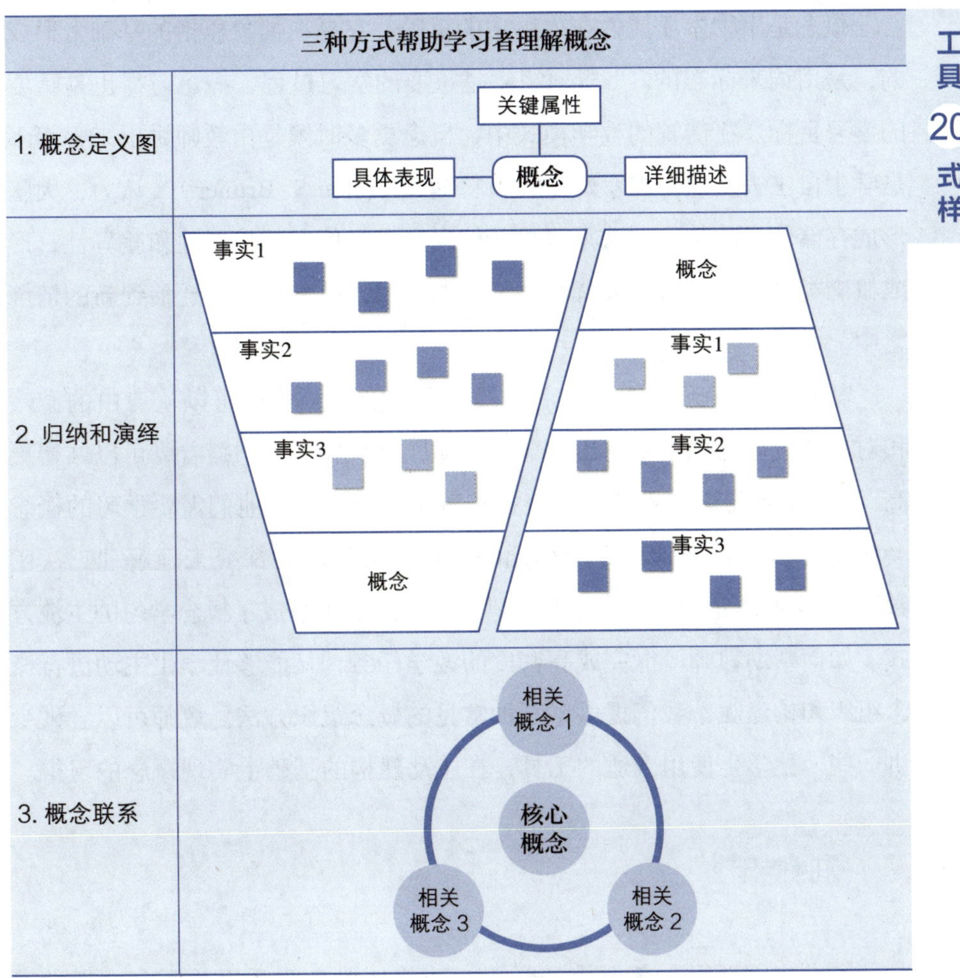

本工具改编自《为深度学习而教：促进学生参与意义建构的思维工具》[①]一书第 2 章概念化。

① 麦克泰，西尔维. 为深度学习而教：促进学生参与意义建构的思维工具[M] 丁旭，译. 北京：教育科学出版社，2021.

为何使用

概念是事物本质属性在人脑中的反映，它是在抽象概括的基础上形成的，是用词来标志的。[①] 概念组织是重要的学习过程，概念习得也是重要的学习目标。在传统的教学模式中，概念更多时候是由教师讲出来，而不是学生自主去发现。杰罗姆 · S. 布鲁纳（Jerome S. Bruner）[②] 认为，大脑形成存储信息的基本方法是寻找新信息和已有信息的相似性和差异性，形成概念类别。单靠听讲或背诵学习到的知识，很难被学生迁移到新的情境之中。

其实，儿童天生具有自主习得概念的能力，他们可以从自由的游戏和对真实世界的探索中得出"球能滚动""糖是甜的""踮着脚可以站得更高"。但是当儿童进入学校教育，随着年龄的增长，他们需要学习的概念会越来越多，越来越难，他们无法通过真实世界的探究来理解"二次函数""牛顿第二定律"等。于是"满堂灌"式的讲解成了概念学习的主流方式。如何帮助教师既能完成高密度的教学任务，又能够让学生主动进行概念组织和构建呢？我们提供了三种常见的概念组织方法。教师可以尝试少讲一些，让学生使用合适的工具，在主动建构的基础上实现概念的习得。

何时使用

当学生需要进行新概念的学习，或将新概念联系相关概念一起学习时，教师可使用概念组织表中的方法，引导学生自主进行概念学习。

① 朱智贤，林崇德. 思维发展心理学[M]. 北京：北京师范大学出版社，2002：171.

② 布鲁纳. 教育过程[M]. 上海：上海人民出版社，1973.

如何使用

概念定义图

概念定义图是对概念中的抽象信息进行视觉化表达。概念定义图可以帮助学生对概念的相关信息进行结构化的整理。这些信息通常可以分为三类：第一，关键属性，即关于这个概念的核心特点或属性；第二，详细描述，即对核心特点或属性进行进一步的描述；第三，具体表现，即鼓励学生用身边可见的例子来解读这个概念，实现对概念的理解和迁移。

例如，当小学生需要理解"友谊"这个概念时，教师可以画出图 2–30 中的框架，引导学生通过头脑风暴，描述他们感受到的"友谊"，或是没有感受到的"友谊"。接下来把表现提炼为"详细描述"。教师可以通过举例子的方式，帮助学生进行提炼，最后再提炼出"关键属性"。当学生真正理解了关键属性时，他们就可以把对友谊的认知迁移到更广泛的场景中。

当然，如果是教师引导中学生使用，那么可以把顺序反过来，先提炼"关键属性"，写出"详细描述"，再用"具体表现"来佐证。

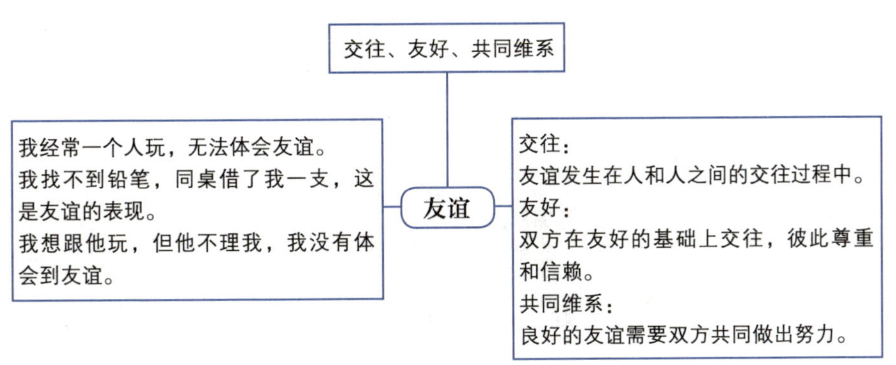

图 2–30　概念定义图示例

归纳和演绎

归纳和演绎是人类两种常见的思维过程。归纳是从个别现象中找到一般规律，演绎是从一般规律中推导出个别现象。看起来是两个完全相反的过程，却也像一对孪生兄弟一样，伴随着不断循环往复的归纳和演绎，人们对世界的认知也不断深入。

在使用归纳法帮助学生进行概念组织时，教师需要让学生观察和发现事实。例如，教师帮助学生认识“轴对称”这个概念，可以使用“归纳梯形”进行概念组织（见图 2–31）。

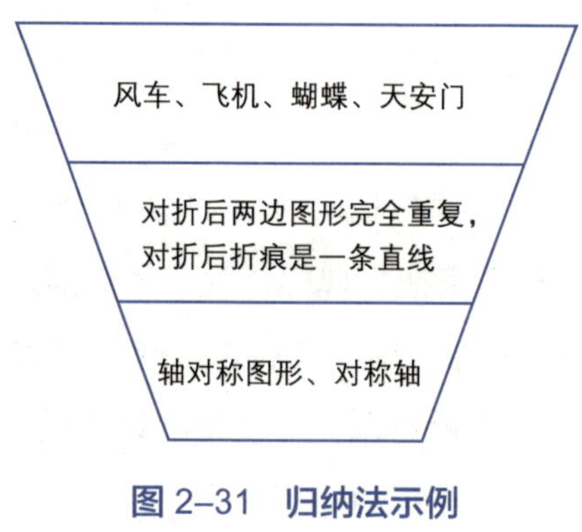

图 2–31　归纳法示例

教师还可继续使用“演绎梯形”对概念进行演绎，帮助学生加深对概念的理解（见图 2–32）。

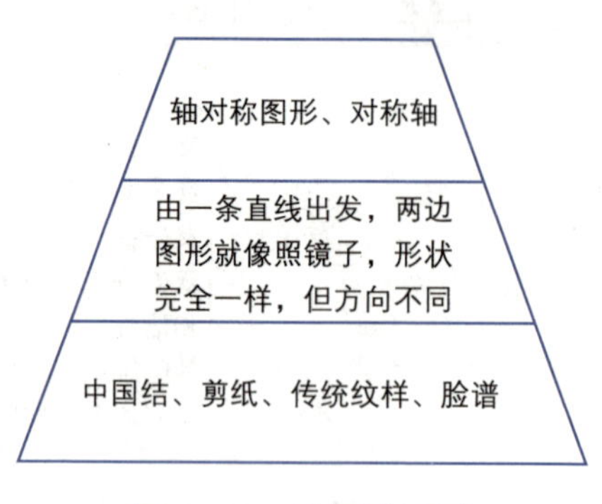

图 2–32　演绎法示例

概念联系

你可以通过联系与核心概念有关的若干概念，来加深对核心概念的理解。例如在帮助学生理解“碳中和”这个概念时,就涉及“碳排放”和“碳吸收”这两个相关概念。学生理解了什么是“碳排放”和“碳吸收”，才能理解“两者相等了就是碳中和”。而这只是从“碳中和”本身的原理去理解。学生可能还会继续提出疑问，我们为什么要实现“碳中和”呢？这时就会涉及碳排放对环境的影响，“碳达峰”“可持续发展”等更多的相关概念就需要先被理解（见图 2–33）。

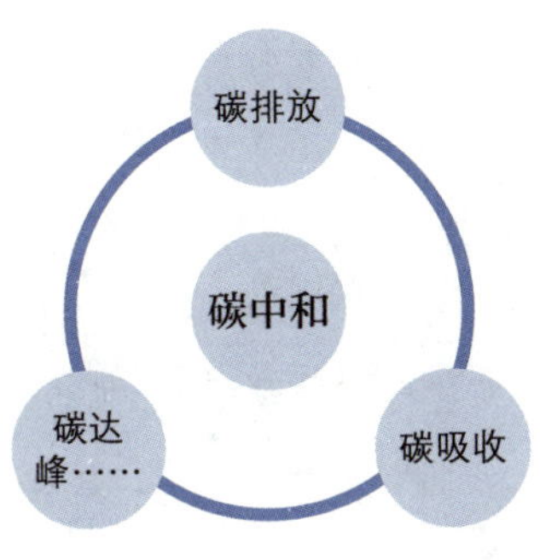

图 2–33　概念联系示例

在教授这一类比较宏观的概念时，教师不用急着一步到位地去讲解核心概念，而是可以引导学生先提出和核心概念有关的问题，随着问题的探究和理解，核心概念也就逐渐清晰起来。

工具 21 有效沟通大纲

沟通的对象是谁	
步骤	关键点
第一步：目标	谈话结束时，他将决定……/ 同意……/ 开始……
他需要做出的决策： 1. 2. 3.	为了取得这一结果，他需要知道、感到： 1. 2. 3.
第二步：关联性	内容与沟通对象的关联性
他在乎的原因有： 1. 2. 3.	如何让他在乎： 1. 2. 3.
第三步：要点	倾听反馈
关键信息： 1. 2. 3.	从反馈中你决定： 1. 2. 3.

为何使用

人们经常把“沟通”和“说话”画上等号，仿佛说起话来滔滔不绝就是沟通，其实不然。这就是为什么我们在 BESMART 能力中特别提出了“有效沟通与合作”的能力。只有进行有效沟通，才不会浪费大家的时间。

沟通是在个人或群体间相互传递信息、思想和情感，因此沟通是双向交互的过程，而不是单向传递的过程。

从字面意思来看，“沟通”这个词由“沟”和“通”两个部分组成。首先，沟通者和沟通对象之间有“沟”存在。这个“沟”可能很窄，一步就可以跨越，也可能很宽，相隔的路程很远；这个“沟”可能很浅，蹚着水也能过，也可能很深，掉进去就是万丈深渊。其次，要“通”。沟通的目的就是要架起跨越这个鸿沟的桥梁，通过沟通，可以帮助彼此建立联系，到达彼岸。沟通不仅仅局限于言语的沟通。除了面对面的讲话，人们经常通过邮件、微信、电话等方式沟通。只要能够跨越鸿沟，就是沟通（见图 2–34）。

图 2–34 沟通的鸿沟

沟通在本质上是一种信息的互换，双方基于收到的信息，在各自理解基础上达成目标，这样的沟通就是有效的。因此，有效的沟通是为了一个设定的目标，在个人或群体间相互传递信息、思想和情感，并且达成共同协议的过程。

项目式学习改变了教师一人讲课其他人都必须倾听的传统授课习惯。在项目式学习中，交互方式变成了网状，每一个人都能够更加平等地表达看法、交换意见。但是，教师管理经验的不足，以及学生沟通经验的不足，常常导致沟通的场面变为争吵、互相埋怨、各说各话、无法达成一致。碰到沟通的障碍，教师和学生大可不必沮丧。没有人天生就是沟通的高手。任何一种能力的培养，都需要科学的方法、持续的指导，再加上刻意练习。

有效沟通大纲，就是这样一个实用的工具。这个工具帮助我们建立起一套有效沟通的逻辑，提供了不同维度的思考方向和支架。沟通绝不是随意说话。看起来有些呆板的沟通结构，正是帮助我们进行刻意练习的工具。沟通高手都是在刻意练习中才慢慢走向自如的。

何时使用

在项目实施阶段所有需要正式沟通的环节中，这个工具都适用，但是一定要提前计划。一般高效的沟通者都会在正式沟通之前设计好有效沟通大纲，并形成腹稿。

如何使用

在正式沟通之前，首先应该明确的是沟通者和沟通对象分别是谁。沟通者，就是“我”。这个“我”可能是老师，也可能是学生。当教师使用这个工具时，“我”就是教师；当学生使用这个工具时，“我”就是学生。沟通对象就是“我”要沟通的人。例如，一位教师要跟校长去沟通项目所需的经费，沟通对象就是校长；一名学生要跟团队成员去沟通一个自己认为非常精彩的想法，沟通对象就是团队中的成员。

起草沟通内容的第一步，就是明确沟通的目标。请记住，沟通的目标是写给自己的。通过沟通，“我”希望沟通对象可以做出哪些决策。例如，教师希望通过沟通可以得到经费上的支持，那么沟通的目标就是：

1. 校长很支持这个项目。

2. 校长批复了足额的经费。

如果要达到沟通的目标，“我”需要思考让沟通对象知道或感受到什么信息，才能让他们做出相应的决策。接上面的例子：

1. 校长需要感受到这个项目很有意义、很重要。

2. 校长需要知道这个项目的详细计划和预算。

第二步就是要建立“关联”。所谓关联，就是要思考哪些信息、什么样的表达方式可以让沟通对象“知道”或“感受到”我们期待的沟通目标。这就需要用同理心去思考沟通对象的立场和需求是什么。想要与他人真正地沟通，你必须认真思考他们需要什么样的体验。校长在乎的是以下 3 点。

1. 做这件事是不是能让学生真正受益。

2. 现在学校的预算并不宽裕。

3. 是不是必须要靠花钱来解决，不花钱行不行。

因此沟通内容就应该与沟通对象所在乎的事密切相关。包括以下3点。

1. 这个事做成了对学生特别有好处，用具体的数据、事实来说话。

2. 如果没有经费，效果可能要大打折扣。

3. 这个项目并不需要花很多钱。

第三步就是基于这样的结构，开始准备沟通的语言。沟通的语言需要围绕沟通内容来组织，将自己的观点、信息、证据提炼出清晰的要点。沟通要点包括以下 4 点。

1. 如何衡量或表现对学生的益处。

2. 有经费或无经费的对比，可用统计数据或图表。

3. 项目关键信息，包括项目周期、项目人员、项目产出。

4. 项目所需预算，精确到具体数值。

沟通不是“洗脑”。沟通的乐趣在于双向互动的过程。在要点描述的过程中，“我”需要特别在意对方的反馈。如果对方点头，我可以继续后面的要点；如果对方已经听不下去，我无须将准备好的要点全盘托出，而是要停下来判断对方的反馈代表着什么，面对这样的反馈我们要如何调整沟通的策略和内容。当我们在起草沟通大纲时，可以预设沟通对象的反馈，多准备几种方案。如果在沟通过程中，对方的反馈超出我们的预期，则需要强大的应急能力来调整沟通内容。切记，千万不要一股脑儿地把准备好信息说完，这样只会事倍功半。

观察校长反馈：

1. 点头，对项目的意义充分理解；冷漠，对项目意义不理解，需要继续解释；解释无效，后续沟通意义不大。
2. 点头，继续；询问无经费解决方案，说明犹豫；肯定地提出无经费解决方案，说明不想提供经费，继续沟通意义不大。
3. 点头，继续；冷漠，说明对项目本身不感兴趣（没希望）；提问，说明对项目感兴趣，还想再了解（有希望），成败在于进一步的解释是否能打动对方。
4. 点头，成功；犹豫，说明预算不是很宽裕，但是可争取（有希望，可提供预算缩减方案）；强烈摇头，说明无论这件事情多么有意义，预算都超出了学校承受范围，再继续争取意义不大。

工具 22 拼图式讨论法

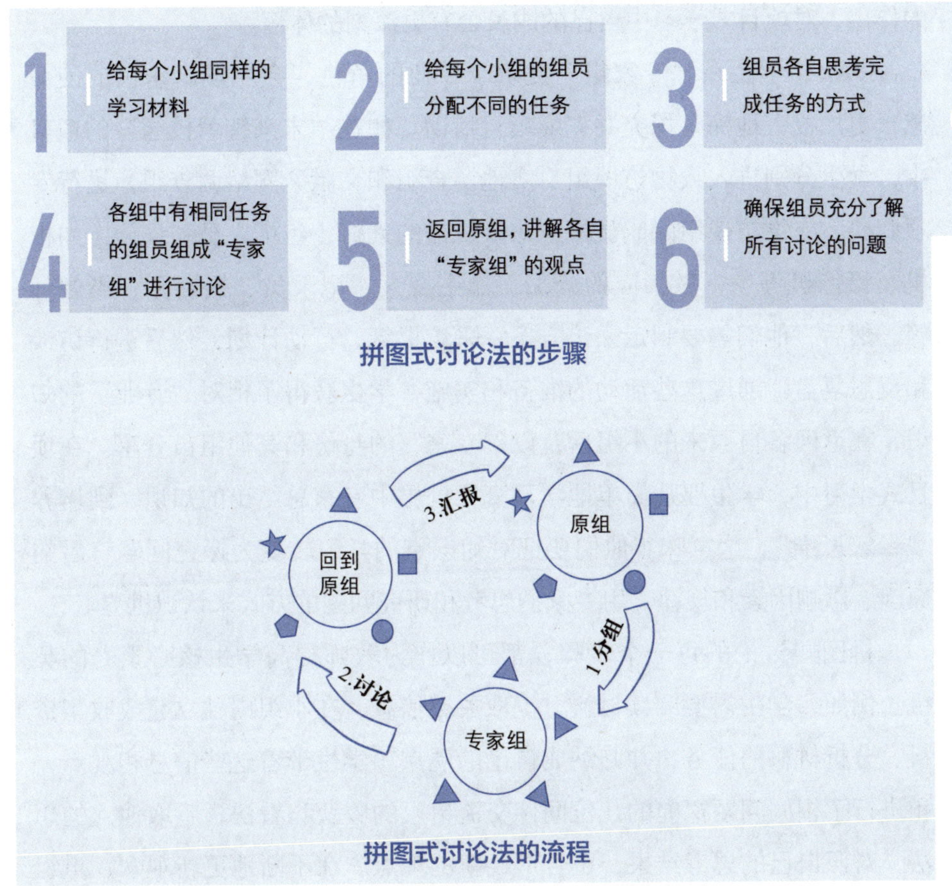

拼图式讨论法的步骤

拼图式讨论法的流程

为何使用

首先，拼图式讨论法使学生在项目活动中有机会和小组成员以外的伙伴合作学习。一般在项目式学习开始时，学生会进行分组，在之后所有的项目任务中都在这个小组中完成。拼图式讨论法使学生有了更多和不同性格、不同学习程度的学生合作的经验。这样的经验有助于培养他们与人沟通交流、协商协作的心理韧性，也使他们对合作学习中会出现的问题和应对方法有所准备。学生的合作能力不仅体现在与熟悉的同伴相处和协作上，也体现在与临时组成的小组分工配合、协作完成活动任务的过程中。在拼图式讨论这样的活动中，学生会更加深入地体会到合作的意义和分组的作用，对项目式学习中自己的成长会有更深刻的体悟。

其次，学生在“专家组”被赋予专业的角色，会生发出角色的使命感，更加投入地深入探究并完成项目活动。如在“未来智慧校园”的项目中，学生分别进入人物访谈组、实地调查组和文献/网络调查组，进行专项调研。人物访谈组的成员根据访谈所需的素材，包括人员和设施（如相机、摄像机等），做相应的分工，如主持人、记录员、摄影师、摄像师等。然后，他们需要制定采访方案、采访提纲、行动计划，然后进行访谈和反思复盘。通过这些活动的准备和实施，学生获得了相对“专业”的知识，在返回各自原来的小组后，以“专家”的身份和其他组员分享。在项目式学习中，学生要从简单地学习真实世界中专家总结出的知识，到培养“专家思维”。这意味着他们要把对知识点的学习转变为探究问题背后的原因、影响因素和规律，用专家们思考和研究问题的方式来认识世界。

拼图式讨论的每一个步骤，都可以作为教师提高学生核心素养的契机。例如，学生需要阅读材料，提取关键信息，在小组内独立完成收集资料、分析材料的任务，并归纳成自己的观点。学生带着这些信息和观点，和进行了相同问题探究的几位同伴交流自己的收获和看法，听取他人的想法，对照自己的思考结果，整合形成新的观点。在不断地更新观念、重组后，学生会明白自己和他人观点的差别，以及一个经得起推敲的观点往往要经历几轮思考、推翻、整合。在与他人的合作中，学生可以在团队力量的加持下，增强完成项目任务的信心，提高持续探究的动力和自我效能感。

何时使用

拼图式讨论法可用于项目实施阶段的第五模块“知识准备、能力准备”和第六模块“解决问题、产生成果”，也可用于学生需要讨论学习任务，并与不同的同伴交流观点之时。

如何使用

教师首先要明确拼图式讨论的目的是让学生和更多的人沟通并听取他们的想法和观点，同时以不同领域“专家”的身份从问题的多个视角进行思考和讨论。在开始讨论之前，给学生留出一定的时间，让他们查找和讨论纸质文献材料和网络资源中与讨论主题相关的知识和观点，并结合自己的理解和经历组织新的观点。到“专家组”后，学生需要分别介绍和阐述自己的观点，然后由组长或一名组员负责把每位成员的观点记录下来，并对各个观点进行总结。学生在返回原组后，要分享自己所在“专家组”的讨论过程和结果。拼图式讨论法步骤和方式示例如表 2–24。

表 2–24　拼图式讨论法步骤和方式示例

	步骤	方式
1	给每个小组同样的学习材料。	阅读文本或讨论话题等。
2	给每个组的组员分配不同的任务。	给小组成员分配不同的文本或讨论话题。
3	组员各自思考完成任务的方式。	小组成员各自探究学习材料中的问题。
4	各组中有相同任务的组员组成“专家组”进行讨论。	小组成员发表观点、讨论并做要点记录。
5	返回原组，讲解各自“专家组”的观点。	每名学生向组员讲解各自在“专家组”的讨论要点和结果。
6	确保组员充分了解所有讨论的问题。	小组成员把讨论和各自的调研感想写成短文或进行演讲。

以项目活动“智慧校园调查研究”为例，学生需要采访本校学生、教师、校领导三类人群，获得这几类人群对智慧校园的认识和观点，为完成调研报告做准备。教师可以使用拼图讨论来引导学生进行采访活动。

1. 每个小组学习怎样进行人物采访和撰写报告。

2. 如每组六人，分配到采访学生、教师、校领导任务的各两名。
3. 各组采访相同人群的学生组成“专家组”，进行采访、记录和分析工作。
4. 采访结束后，“专家组”成员返回原来的小组，分享他们在“专家组”的任务活动、经历和收获，并将每个组员的采访结果进行梳理，合作完成小组采访报告。
5. 每个小组展示采访报告及相关图片、视频等资料。
6. 把讨论和各自的采访感想写成短文或进行演讲。

教师可以灵活使用拼图式讨论法，在各个步骤中加入针对学生学习目标的活动，使项目活动更具成效。例如，省略第一步分组，直接将学生分进不同的“专家组”，学生完成“专家组”的任务后，再对他们编号。有相同号码的学生组成新的小组，把各自讨论的结果进行组内分享。或者在“专家组”的小组活动中再设计其他活动形式，如哲学家座椅（工具24）等，增加探究过程的趣味性。

工具 23 世界咖啡流程

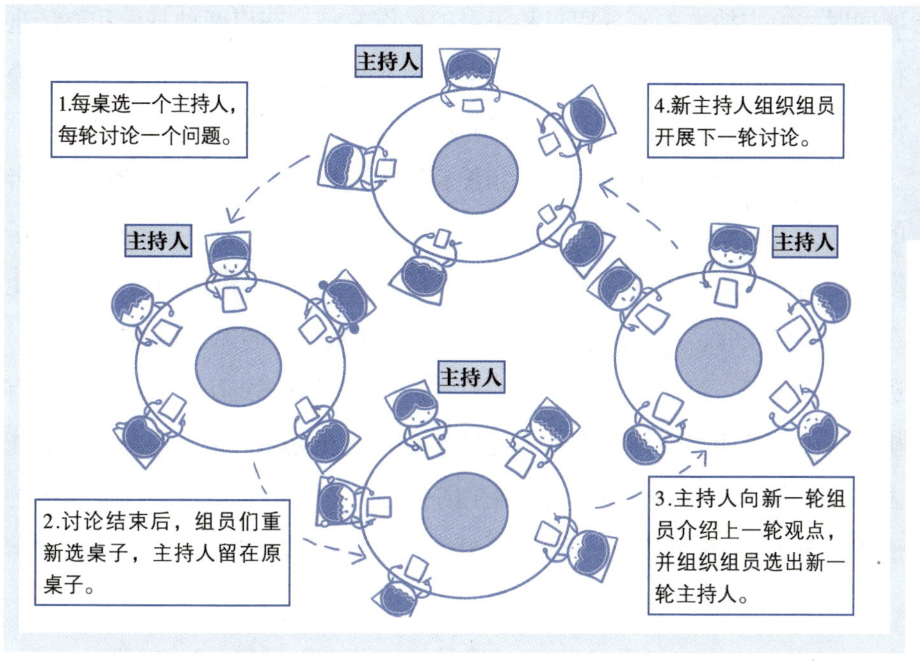

工具 23 式样

为何使用

个人领导力和社交影响力在成人世界中影响着个人成就，甚至决定着事业成败。而这些能力不是一朝一夕得来的，需要在孩童时期就开始培养和锻炼。

学生的团队合作和领导力是项目式学习中重要的素养目标。“世界咖啡”这一活动方式让学生在项目活动中自然、有效地提升个人领导力，促进社交影响力。例如，在小组主持人的身份任务中，学生需要组织其他人进行讨论，记录所有发言的观点，并在主题讨论结束后留在小组，对新组员讲解上一轮的讨论要点。主持人不仅需要有很强的组织能力、控场能力、总结归纳和表达能力，还需要和组员进行良好的沟通，组织新组员选出新的主持人。这些工作对于学生来说，是锻炼个人领导力的绝好机会。

除此之外，在体验了主持人的工作之后，学生在下一轮中还有机会作为组员重新加入或组成新的小组，参与讨论。这两种身份的交替，让学生能同时体验主持人的领导职责和组员的协作参与。在以两种身份和立场进行项目活动时，学生有机会进行不同视角和思考方式的转换，更有可能换位思考，理解团队中的不同角色赋予人们的责任和义务。

领导力是个体带领群体实现组织目标的过程，存在于领导者与追随者的互动中（Northouse，2010）[①]。在小组进行讨论并把他们的观点传达给新的组员时，主持人作为“领导力”的执行者，为小组明确了目标。学生在担任主持人时，可以在小组讨论中观摩别人做得好的部分和不好的部分，进行自我反思，设想改进方法。通过三轮以上的重新组队和讨论，学生有机会和不同的组员合作和互动，能够获得不同观点和思想，也提升沟通能力和合作能力。“世界咖啡”给学生的分组讨论提供了更加多样、有趣的形式。图 2–35 总结了“世界咖啡”的特点。

图 2–35 “世界咖啡”的特点

① NORTHOUSE G P. Leadership: Theory and Practice[M]. 5th ed. CA: Sage Publications, 2010.

何时使用

“世界咖啡”可以用在第五模块“知识准备、能力准备”和第六模块“解决问题、产出成果”中。当学生有三个以上讨论主题，且每一轮需讨论一个主题时，就可以使用“世界咖啡”流程这个工具来组织“世界咖啡”活动。

如何使用

教师在按照“世界咖啡”流程组织讨论活动时，需要把主持人的职责和工作流程写出来，让学生提前了解和熟悉主持人工作，必要时可以用表格列出每个步骤的活动内容和执行时间（见表 2–25）。选主持人时，可以采用投票、自荐、轮流等方式，确保每名组员都有机会做主持人。在小组讨论时，可以使用思维地图（工具 17）、概念组织表（工具 20）等工具，使用文本、视频、图片等多种讨论素材。

“世界咖啡”活动结束后，教师可以让每一轮问题的主持人发言，分享讨论的要点，或把讨论的感想写成作文。教师也可以结合学习目标计划具体的活动安排，如学习目标是培养自主学习能力和批判性思考能力，就让学生在讨论过程中自行阅读文本、记录自己在每个组的讨论主题和观点，做成个人观点记录表或图等。在主持人分享了每轮讨论的情况和突出观点后，学生可以参照自己的个人观点记录进行反思、修正和补充等。总之，教师可以采用“世界咖啡”的讨论形式，但是项目活动内容不必拘泥于简单的小组讨论。

表 2–25 “世界咖啡”步骤示例①

<table>
<tr><td colspan="2">**主持人职责：**
1. 在小组讨论前，主持人负责协调小组成员分工、宣布讨论规则、发放讨论材料并说明任务等。
2. 在小组讨论中，主持人要记录讨论重点信息、维持讨论秩序、管理组员、和老师沟通情况等。
3. 在小组讨论后，主持人要总结小组讨论观点，提供论据、组织组员选出新的主持人等。</td></tr>
<tr><th>活动步骤</th><th>活动</th></tr>
<tr><td>1.小组选一个主持人，组织组员讨论一个问题。</td><td>投票+自荐的方式选出小组主持人；主持人组织小组成员讨论老师分配的问题，如“北京是什么时候成为中轴线上的城市的？现在还是吗？”；主持人在讨论中记下组员讨论的重要信息点；组员梳理观点，记录他人论据。</td></tr>
<tr><td>2.每轮结束讨论后，主持人留下；组员重新选组，并选出第二轮讨论的主持人。</td><td>重新选组后，第一轮留下的主持人讲出刚才讨论的重要观点，组织组员用投票或轮流的方式选出新主持人。第一轮主持人得随组员在本轮讨论结束后重新选组。</td></tr>
<tr><td>3.第二轮讨论的主持人组织组员进行讨论；结束讨论后，主持人留下，其他组员组成新组进行第三轮讨论。</td><td>第二轮组员讨论下一个问题“是什么带来北京城市规划的变化？”；第二轮主持人记录要点；组员发表意见并倾听、记录他人发言；小组发言结束后，组员重新组队。第二轮主持人向第三轮的组员介绍上一轮发言要点，并组织组员选出新的主持人。</td></tr>
<tr><td>4.第三轮组员进行讨论；结束讨论后，主持人总结观点。</td><td>第三轮组员讨论下一个问题“未来北京的城市规划会发展成什么样？”；第三轮主持人记录要点；组员发表意见并倾听、记录他人发言；小组发言结束后，主持人总结观点。</td></tr>
<tr><td>5.主持人和组员写下对几轮讨论的反思。</td><td>学生从主持人和组员的角度，各写100字反思。内容可以是感想、对他人观点的评价和对项目活动效果的反思，并使用画廊漫步的方式互相观摩反思结果。</td></tr>
</table>

① 内容来自“北京——中轴线上的城市”项目。

工具 24 哲学家座椅

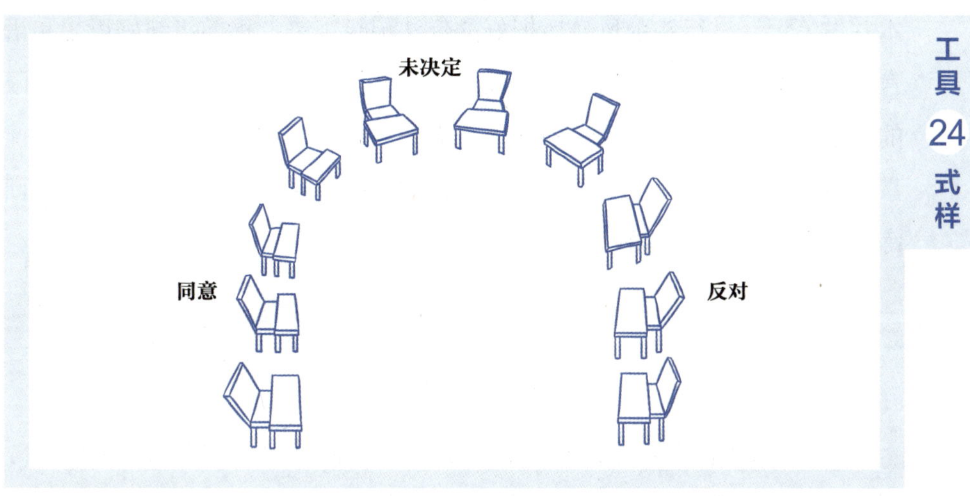

为何使用

学生在项目活动中经常会有观点不一致，或者需要做出判断、陈述的时候。这是培养他们批判性思考和沟通表达能力的契机。在项目活动中设置“哲学家座椅”这样类似辩论的环节，可以为学生提供思辨、友好沟通和协作的机会。首先，“哲学家”的身份让学生像哲学家一样思考，激发他们从角色的角度分析材料、逻辑思考、整理证据、总结论点，也让他们理解，辩论是一种合作活动，观点双方的“智力挑战”其实是一种学习和成长。其次，从形式上来讲，这种双方持对立观点、针锋相对、据理力争的讨论活动可以让学生在身体和心理上产生一定的紧张感，通过集中思考和语言输出获得思维和心理素质训练。当我们的观点“漏洞”被发现并被反驳的时候，一般的反应会是慌乱、词穷，甚至愤怒。而辩论不允许我们退缩或者发怒。学生需要快速调整心理状态，找到论据中可以进一步使用的部分，凝练出新的论述。

使用“哲学家座椅”也可以锻炼学生的演讲技能。首先，学生需要在对方的注视和质疑之下，顶住压力，尽力用更加有利的论据说服别人。

在反复的练习和实战后，他们能更加游刃有余地表达观点和阐述论据，从而提高演讲自信。演讲时的自信也来源于充分的准备工作，如仔细阅读文本并做笔记、进行头脑风暴后把好的想法记录下来、提前组织好思想和语言、思考对方可能会提出的论点以及自己怎样去回应和反驳。其次，有限的辩论时间使学生必须更快地发现关键问题和对方的逻辑漏洞，拣选和衡量信息，并给出快速准确的反馈。不论学生的观点是否成熟，这个过程训练了他们的概念组织能力和思辨能力。

何时使用

“哲学家座椅”可以用在项目实施阶段，使学生通过辩论辩证地思考问题，深入了解某个主题，也可以作为成果展示的一种形式，展现学生怎样把项目活动中学到的知识和能力运用到辩论中。

如何使用

教师在使用“哲学家座椅”时，可以根据情况选择阅读文本，如一个单元主题下的几篇课文，或者以一篇课文为基础，以它的延伸阅读材料为辅。教师也可以选择时事话题或其他和学习目标对应的阅读文本，甚至是视频材料。辩论的主题可以是一个问题，也可以是一个大主题下的若干小主题，学生在各个小主题下重新选择正方或反方。辩论可以是一轮也可视问题的复杂程度进行多轮。辩论开始前，教师需引导学生充分地阅读文本和查阅资料；辩论过程中，需对学生的发言时间和违规行为给出提示可以让学生可以通过文字、表格、量规和口头多种方式进行自评和互评。活动结束后，还可以让他们写下感想和反思。教师要始终把握学习目标，及时调整和引导学生的辩论任务和内容。

下面以七年级的“西游记”项目为例，来说明“哲学家座椅”的活动流程（见表 2–26）。

表 2–26 “哲学家座椅”活动流程示例

规则：

1. 阅读文本，如需要请加注解、做笔记。
2. 认真倾听，确定自己明白对方的观点。
3. 在发表观点前组织好思想和语言。
4. 简单总结前面发言者的主要观点。
5. 尊重对方，不能有不文明的语言和行为。
6. 一次只能由一人发言，其他人倾听。
7. 每位组员都要轮流发言，两轮后可以自愿发言。
8. 要有论据或证据支撑你的观点。
9. 在进行辩论的时候，可以使用句子：“（对方名字），你刚才说……”“但是我认为……”“我明白你在说……，但是，我认为……”

步骤	活动
1. 学生阅读分配的文本，教师向学生介绍活动规则。	以《西游记》中的人物为例：唐僧师徒五人是自愿去西天取经的吗？唐僧是至善至信还是是非不分、固执己见？孙悟空用不用戴紧箍？猪八戒是好吃懒做还是真性情使然？沙僧在《西游记》中是否可有可无？小白龙是否大材小用？可以每轮进行 1—2 个辩题。
2. 学生按自己持有的不同观点，站成两方，轮流发表自己的观点。	持有不同观点的学生相对而站或坐在教室的两边。双方各派一名同学发表本方观点。如认为唐僧师徒五人是自愿去西天取经的站在教室的一边，认为他们不是自愿去取经的站在教室另一边。
3. 双方就三个以上的问题进行多轮辩论。	双方每次进行一个辩题，完成上面三个或以上的辩题。每名组员至少进行一次发言后，其他组员再举手发表观点。视情况进行一轮或多轮发言。
4. 多轮辩论结束后，持不同观点的两方学生派出代表做最后陈述。	多轮辩论后，双方进行观点总结和最后陈述。如认为唐僧是至善至信的原因，孙悟空必须要戴紧箍的原因，小白龙没有被大材小用的原因。
5. 学生进行自评和互评。	自评： 立论陈词（20 分） 攻辩环节（20 分） 反驳环节（20 分） 自由辩论环节（10 分） 总结陈词（10 分） 互评： 团队意识（20 分） 材料分析能力（20 分） 有理有据（20 分） 辩论技巧（20 分） 尊重对手（20 分）

续表

步骤	活动
6. 进行反思。	我在提出反对陈词时，称呼对方姓名了吗？ 我是等到两轮发言过后才进行自由发言的吗？我做到有礼貌和尊重他人了吗？ 我觉得活动过程中哪部分让我沮丧，哪些部分很成功？ 是否有对方的观点让我赞同、改变我的观点的时候？ 我现在对这个辩论主题有什么新的想法？

教师也可以使用其他辩论形式，如苏格拉底式研讨（参考图 2–36）来组织项目活动。

- 主持人提出项目中的开放性问题
- 时间记录员严控时间
- 协调员保证每人都有发言的机会

释义	**澄清**
你的意思是…… 如你所说…… 可不可以这样理解……	是否可以进一步解释你说的…… 我对你说的……还有疑问 你这个观点……会不会引起歧义
认同	**反对**
我认同你对……的看法 你说的……很有趣 我之前没有想到你说的……	我对……有不一样的看法 或者我们可以这样来理解…… 这样的看法有失偏颇，因为……

图 2–36　苏格拉底式研讨常用句式

成果展示类

工具 25 SFS画廊漫步三步法

展示 Show	反馈 Feedback	总结 Summarize

为何使用

画廊漫步是项目式学习中一种常用的成果展示方式，可以作为最终成果的展示方式，也可以作为阶段性成果的展示方式。

区别于传统的一人讲、全班听的“小组汇报”模式，在画廊漫步中，学生将团队作品布置在教室墙面或展示空间，然后在教室或展示空间内走动参观，与他人讨论，以获取建议、交流看法。学生在观看他人作品或成果的过程中，可以将自己的反馈或思考写在便利贴上，以留言的方式贴在作品旁边。画廊漫步可以帮助学生避免当众演讲或汇报引起的紧张情绪，让展示的过程变得更加轻松和立体。

教师在组织画廊漫步时，还需要将它与真实世界中的“参观展览”区分开。在参观展览的过程中，观众更多的是在观看，而非提出改善意见。而画廊漫步则更加鼓励反馈和提问，以帮助项目成果改善和迭代。

为了帮助教师更好地使用画廊漫步这种方式，充分发挥画廊漫步在项目式学习中的育人价值，而不单纯是组织一次热闹的活动，我们设计了“展示 — 反馈 — 总结”画廊漫步三步法。为表述简便，我们用这三个词对应英文单词的首字母，将其简称为“SFS 画廊漫步三步法”。

何时使用

画廊漫步适用于第七模块“成果凝练、成果展示”，用来展示项目的最终成果。它也适用于里程碑事件结束之后，用来展示项目的阶段性成果。而 SFS 画廊漫步三步法可以为更加高效地组织画廊漫步而服务。

如何使用

第一阶段　展示

在展示阶段，教师首先需要确定展示的内容，例如学生创作的海报、绘画或立体模型等便于观看和欣赏的作品。而像研究报告这类需要深入阅读的作品，就不适合画廊漫步这种展示方式。

接着要确定展示的区域。展示区的大小是否足够展示所有作品，需要综合考虑作品的尺寸和数量，还要考虑展示区的限制条件，例如，墙面是否方便粘贴，摆放是否有安全隐患等。

然后要确定展示的方式。例如，绘画作品适合挂在墙面上，而立体模型作品则需要较大的摆放空间。展示的顺序也需要考虑。是按照一定的线索（时间／故事）布展，还是随机选取区域，可以由学生自主商定。

第二阶段　反馈

画廊漫步正式开启。在这个过程中，教师除了要关注展示的相关工作，还要特别注重学生的反馈。反馈有如下两种方式。

顺序式画廊漫步（见图2–37）

1. 教师讲解顺序式画廊漫步的规则：展示组选定1—2名讲解员，其他组的所有组员作为反馈员。反馈员以各自所在的组为单位，依次观看其他小组的作品。每个作品的观看时间为5—8分钟，并需要观看者留下观看反馈。

2. 展示组以外的所有人作为反馈员按组进行移动。在观看过程中，小组成员可以小声讨论或向讲解员提问，并用便利贴或小纸条写下自己的反馈意见，留在展示物周围或贴在展示海报上。低龄段学生可使用“哭脸”或“笑脸”贴纸来进行反馈。

3. 教师观察学生的观看过程，控制好时间，最后确保所有反馈员都完成了观看和反馈。

图 2–37　顺序式画廊漫步示意图

拼图式画廊漫步（见图2–38）

为减少同组组员的相互影响，拓展学生的反馈视角，教师可以用拼图组队的方式帮学生结成新的反馈小组。

1. 教师讲解拼图式画廊漫步的规则：小组成员进行数字编号。每组编号为1的学生组成1号反馈组，编号为2的组成2号反馈组，以此类推。以反馈组为单位观摩展示作品。每个展示作品的观看时间为5—8分钟。

2. 轮流观摩展示。在新的反馈组中，至少有1位同学参与过作品的制作。这位同学可以解答其他人提出的问题。

3. 请每个反馈组为每个展示作品留下反馈。

4. 教师观察整个过程，确保所有反馈组都完成了观看和反馈。

图 2–38 拼图式画廊漫步示意图

第三阶段 总结

教师根据反馈员留下的反馈意见，面向全体进行总结。整合相同的反馈，分出不同的反馈，并引导学生思考哪些是积极的反馈，哪些是消极的反馈。请学生认真思考他人反馈并做出改善。

工具 26 商业计划书结构

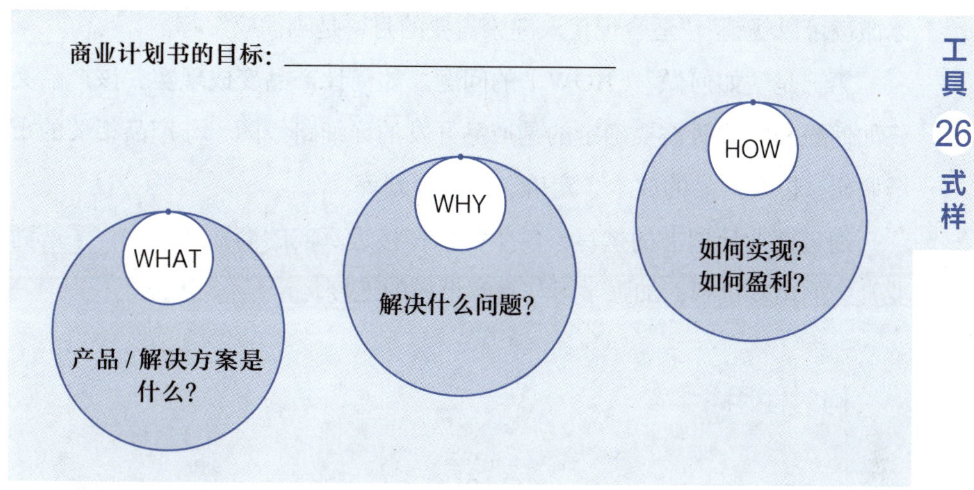

为何使用

如果学生的项目成果是一款创新产品，如野营水杯、新口味冰激凌、适合现代人健康需求的月饼，或者是一个问题的解决方案，如对儿童更加友好的社区设计，那么一个设计良好的商业计划书可以帮他们将产品推向市场。

提到商业计划，可能很多人会认为这是成人才需要考虑的，中小学生的主要任务是学习，不需要过早地了解和接触商业相关的知识。其实商业思维非常重要，它并不仅仅是经商思维，还是理解商业服务大众、推动社会发展底层逻辑的思维。

创新产品的制作能够锻炼学生的设计思维、培养同理心和创新能力，商业计划书的撰写则重在培养学生的系统性思维、问题解决和逻辑能力。

我们可以运用商业计划书结构这个工具来帮助我们制作商业计划书。商业计划书需要清晰描述以下三个方面的内容。

第一是“是什么”（**WHAT**）的问题。学生需要明确“我们的产品或解决方案是什么”，即产品的名称、创意、特点、目标人群等。

第二是“为什么”（WHY）的问题。学生需要清楚该产品的社会价值到底是什么，受益者是谁，解决了什么真实问题。例如，“你为何认为这款冰激凌可以畅销”“适合现代人健康需要的月饼是刚需吗”等。

第三是“如何做”（HOW）的问题。如何让产品变成现实，该产品又将如何盈利？此时需要确定的是产品开发的详细路线图、与产品相关的市场调研，以及产品的成本、定价、营销计划等。

通过商业计划书的撰写，学生得以在接近真实的商业场景中，了解商业社会的运转机制，加强学习与真实世界的连接。

何时使用

商业计划书结构适用于第七模块“成果凝练、成果展示”。我们需要在撰写商业计划书之前，向学生讲解本工具并鼓励他们在撰写过程中使用上述结构。

如何使用

在撰写商业计划书之前，教师需要先引导学生思考，这个商业计划书展示的目标是什么。目标是给用户，用于推广和销售产品，还是给投资人，用于获得融资，抑或是给政府主管部门，用于获得相关政策上的支持？如果是第一种，商业计划书中则应该重点介绍产品的价值和卖点。例如，要推广新款野营水杯，则需重点论述水杯的功能优点、价格优势等。如果是第二种，则应该重点介绍这个产品的盈利能力、盈利模式，以及能够为投资人带来的商业回报。例如，在“冰激凌”项目中，应重点论述新口味冰激凌研发投入和预期回报。若是第三种，则应该重点讲述政策支持能够带来的社会价值。例如，如果希望相关部门允许在社区举行儿童友好活动，则应重点论述该活动的受益群体和活动的社会价值。

长沙市芙蓉区马坡岭小学在五年级和六年级开展了“如何让惊蛰小院

的产品卖出更高的价钱”项目（简称“惊蛰小院”项目），学生们设计的商业计划书结构如下表 2–27 所示。该商业计划书目标是：使惊蛰小院的农产品获得更高收益。其中 50% 的收益用于给手拉手学校的同学购买礼物。

表 2–27 学生商业计划书结构示例

结构	内容
是什么?	惊蛰小院的主要蔬菜产品有： 大白菜、白萝卜、黄瓜、辣椒等 拓展产品有： 创意包装、蔬菜盲盒、手工腌制菜 产品卖点： 蔬菜产品是有机食品，拓展产品创意十足 可确定的售卖方式： 每隔两周周六上午的跳蚤市场
为什么?	有待解决的问题： 每到收获季，学校劳动教育实践基地“惊蛰小院”总会收获大量农产品。丰收的水果和蔬菜如果不加管理，则容易被随意采摘或腐烂变质。而学校每年也会为手拉手学校捐赠物品，是否可以让惊蛰小院的水果蔬菜发挥出商业价值？这样既能为慈善项目筹得资金，又解决了第二年种植的资金问题。 客户画像： 通过调研我们发现，跳蚤市场的潜在客户是学校家长、社区群众和学校学生。他们喜欢吃得健康，希望商品价格优惠，也希望参加有趣的亲子活动。
如何做?	为蔬菜提供良好的包装： 设计有创意、结实的外包装，将蔬菜分成合适的分量。 为产品起个独特、有创意的名字： 如萝卜带着舌头去旅行（腌萝卜）、菜谱冰箱贴、萝卜凑青菜（泡菜）、岭上小菜等。 设计有趣的营销活动： 开展幸运抽奖、大转盘、亲子游戏等活动促进销量。 宣传方案： 在社区公告栏、便民超市、社区微信群、班级公众号上进行宣传。

工具 27 展览策划单

工具27 式样

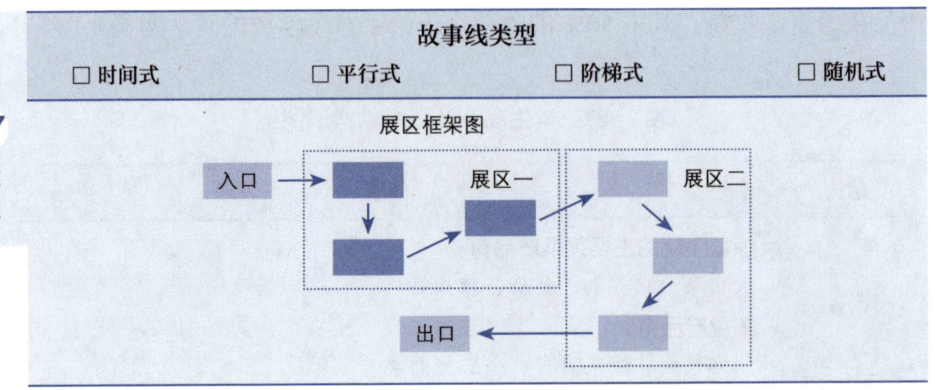

为何使用

展览是一种很有意思的成果展示方式，同时也是一种非常有挑战的方式。学生除了要制作所有的展品，还需要为展览设计引人入胜的展览故事线，体验从制作展品、策展、布展到讲解展品的完整流程。学生通过设计令观众全身心沉浸的环境和氛围，可以让自己的项目成果更有现实意义。

我们都有看展览的经历，设计良好的展览会让我们和策展者产生神交。虽然我们并不认识，却能够知晓策展者的意图。通过他们精心设计的故事线和布展方式，我们可以体验到展览要讲述和传递的信息与价值。

策划展览对学生要求很高，我们不妨给予学生一定的支架。首先，学生需要确定策展的故事线。常见的故事线有四种。第一，时间式故事线。例如，复原历史教科书中的文物并在校园里开办展览，最好的方式就是按照从古到今的时间线安排展览顺序。第二，平行式故事线。例如，如果我们要举办一次城市文化博览会，则可将博览会分为“生活篇”“交通篇”“娱乐篇”“文化篇”几个平行的部分。第三，阶梯式故事线，即层层递进地讲故事。例如，开办一次红色主题的展览，可以从某个历史真实事件、同时期关联事件、历史价值等不同层次，逐层上升展开叙述。第四，随机式故事线。例如，如果我们需要学生展览同一主题的绘画作品，且无须评价绘画作品的好坏或等级则可以采用随机布展的方式，用平等的、更具童趣的方式展览。

其次，学生需要了解布展场地的具体情况，如场地大小、位置、墙面、空间布局（如是否有立柱、是否有展架），以及安全出入口的位置等。

展览策划单提供了一个团队共创的模板。在策展初期，团队可以在大白纸上先确定主要展区，用便利贴写上展品内容。由于便利贴便于增删和移动，学生可以很方便地对展区设置和展品位置进行修改。在不断讨论和调整中，展览方案逐渐确定下来。教师可以将展览策划单作为项目执行的重要依据，张贴在教室的醒目位置，或做成电子版分发给所有团队成员。

何时使用

当需要将学生的系列手工、美术作品（见图 2–39）、摄影作品、创意作品（见图 2–40）和其他物品进行展览，来传达某个主题的故事或信息时，可以使用策划展览这种成果展示方式，可在筹备期使用展览策划单开展团队共创。

图 2–39　学生美术馆
（温州市第二实验小学）

图 2–40　一个盒子的命运
（北京亦庄实验小学）

如何使用

教师先引导学生根据要展览的物品选择合适的故事线，可在展览策划单中进行勾选。例如，在“校园历史博物馆”项目中，学生选择了时间线作为展览的主要故事线。

接下来需要带领学生对即将使用的展览区域进行实地考察，并将展览区的框架绘制在展览策划单上。框架图需要标注出安全出入口的位置，展区的特殊布局，例如立柱、通道、拐弯处等。这些都是设计展览路线的重要依据。

然后邀请学生团队在展览策划单上开展共创。先用便利贴写上所有需要参展的展品名称。“校园历史博物馆”项目的展览要求是用手工制品重现教材中出现的文物，因此学生需要将所有文物的名称写在便利贴上，再根据故事线确定主要展区。例如，本次参与项目的是初一年级学生，他们将展区按照历史教材的单元划分为“史前时期”“夏商周时期”“秦汉时期”和“三国两晋南北朝时期”。接下来他们将准备好的文物便利贴贴在合适的位置，赋予文物一些故事情节并进行调整，组织成一个生动的展览故事线。

工具 28 互动导览图制作流程表

第一步

主题：

形式： □电子 □手绘

交互方式： □点击页面或链接
□扫描二维码
□放大、缩小

展示重点：

第二步

第一层视图

内容：
形式：

第二层视图

内容：
形式：

第三层视图

内容：
形式：

为何使用

互动导览图让参观者可以通过在电子设备上点选、放大、缩小，以俯瞰、平视、剖面等各种方式和视角了解想获得的信息，使参观者从过去的被动接收信息转为现在的主动探索信息。观众只需在电子设备上点击感兴趣的图标、链接或者扫描二维码，就可以跳转到相应的页面，浏览详细的信息。这种信息传播方式改变了传统静态地图的单一形式，用文字、色彩、图形等多种方式传达信息，使信息传播更具有互动感。

学生在需要对某个地方或某个事物进行详细说明时，可以使用互动导览图把总体信息集中在一个页面上，以便观众在页面上点击或查看他们感兴趣的信息。例如，学生要介绍一条有古建筑和古代文化特色的老街道，他们可以在街道实景地图上标注出关键年份、古建筑图标、放大缩小画面的功能键等（参见图 2-41）。观众可以根据想了解的方面点击这些图标，进入新的页面了解相关信息。再如，学生想展示细胞的结构，就可以用一张细胞剖面图作为主页面（参见图 2–42）。观众点击图上的某个组成部分，可以进入新的页面获取详细信息。这种获取信息的方式会让观众直观地感受到事物的整体和局部，也使学生能从观众视角进行观察和思考。

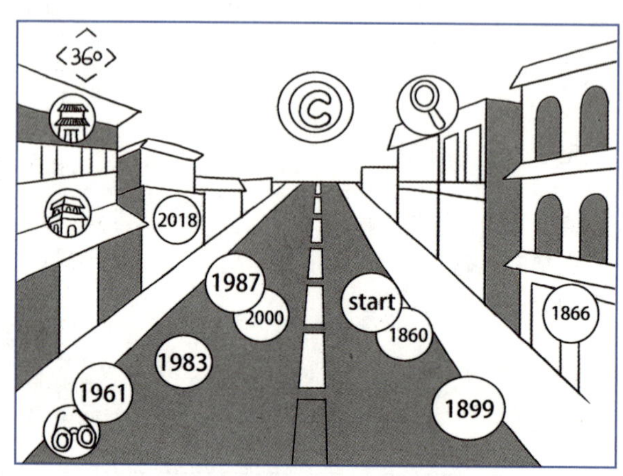

图 2–41　互动导览图示例 1（街景）

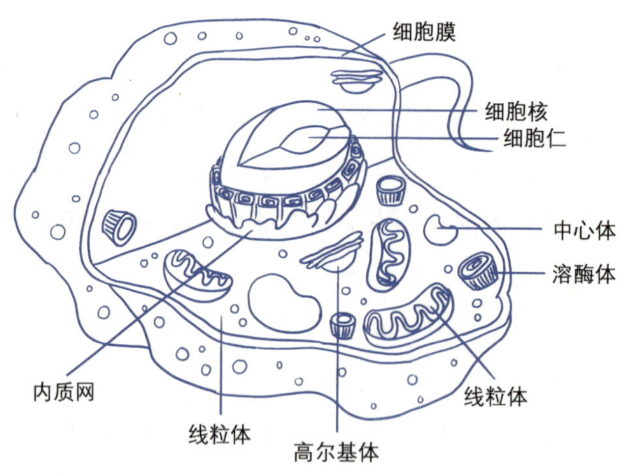

图 2–42　互动导览图示例 2（细胞的结构）

互动导览图制作流程表可以帮助学生梳理导览图的类型、交互的方式和展示的重点。如在制作宣传当地旅游景点的导览图时，学生可以在选择电子动态的呈现类型后，列出重点展示的景点，使用在线制作导览图的网站进行制作。在制作导览图页面时，学生可以根据事物的不同方面划分层次，从观众视角对每个层次的信息进行充分展示，并实现互动功能。如果学生在制作过程中，能深入思考数字、文字、图表的布局方式，有逻辑、有层次地提供信息，他们相应的逻辑思考能力、审美感知能力、表达能力都会得到锻炼和提升。

何时使用

互动导览图通常用于第七模块“成果凝练、成果展示”。互动导览图制作流程表这个工具，可以帮助教师和学生规划互动式导览图。

如何使用

首先，需要明确学习目标和学生要使用的科技工具。以“惊蛰小院”项目为例，学生的学习目标是通过种植蔬菜学习植物的生长过程、不同植物种类的特点、植物和环境的关系，体验劳动的价值。学生可以用互动导览图，把他们收集到的信息呈现给参观者。

教师应根据学生使用科技工具的能力、现实资源条件、时间限制和受众等，确定展示的主题和方式。如果学生操作电子软件比较困难，教师可以让他们用手绘来辅助信息的呈现；如果受众是小学生，教师就要引导学生在设计和制作中使用通俗易懂、生活化的文字和可视化的图表来展示蔬菜的各方面知识，确保观众能理解和吸收。

其次，需要确定互动导览图的层次和表现方式。如在“惊蛰小院”项目中，第一层视图为每种蔬菜设置了一个可点击的按钮（参见图 2–43）。参观者、照料者或购买者点击按钮，就能看到这些蔬菜的信息。第二层视图以分类信息的方式呈现，针对不同的受众和信息的使用目的，设置不同的分类（参见图 2–44）。例如，给低年级同学和参观者提供的导览信息可以是蔬菜的科属、生长习性、食用和药用价值、经济价值等科普信息，给购买者提供的可以是蔬菜的食用和营养价值、烹饪方法和单位热量等。第三层视图是不同蔬菜的食用方法（参见图 2-45）。呈现方式可以是多样的，如手绘图、动态图等。观众可以通过点击第二层视图相应处，进入相应的网站或社交媒体页面获取更全面的第三层信息。

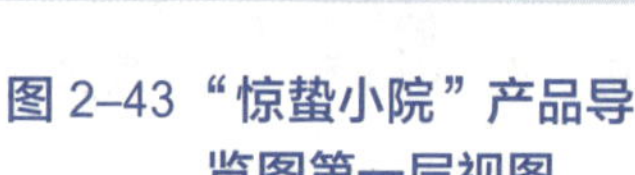

图 2-43 “惊蛰小院”产品导览图第一层视图

图 2-44 “惊蛰小院”产品导览图第二层视图

图 2-45 “惊蛰小院”产品导览图第三层视图

工具 29 演讲叙事结构

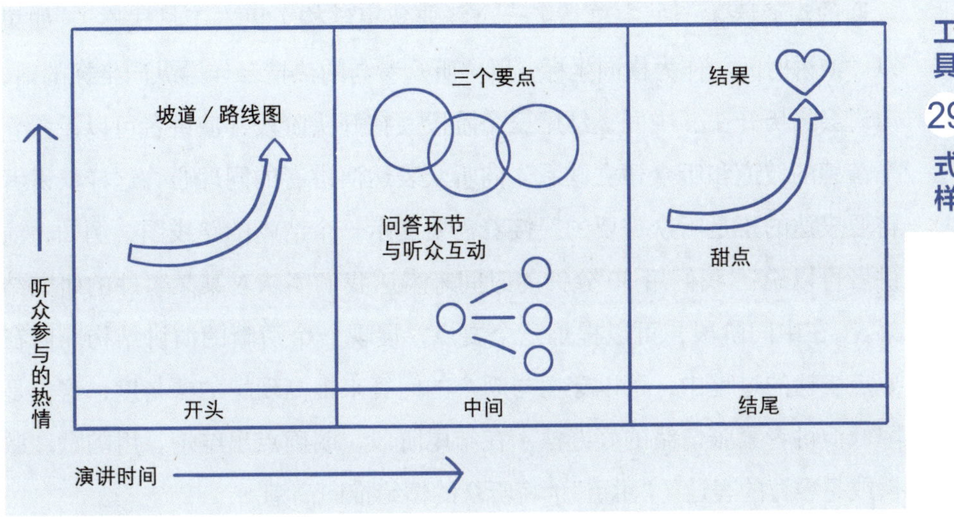

为何使用

演讲是最为常用的项目式学习成果展示方式，学生可以通过演讲的方式来展示他们的研究报告、商业计划、原创绘本、创意海报等项目成果，也可以通过演讲去总结汇报、表达观点、传递情感，建立沟通的桥梁、影响更多的人。

而在日常的教学场景中，鲜有教师专门为学生开设演讲类课程，教授演讲的方法、技巧、礼仪等方面的内容。当我们看到学生演讲能力欠缺，演讲效果欠佳时，除了考虑给学生更多的锻炼机会，还应该思考如何从方法上、工具上为学生提供支架和必要的帮助。

要想做一次优秀的演讲，需要综合考虑演讲的主题、目标群体、演讲的目标等要素，来准备演讲的大纲、呈现的素材、组织内容的方式。因此，

① 迈尔斯，尼克斯. 高效演讲[M]. 马林梅，译. 长春：吉林出版集团有限责任公司，2013.

演讲可以有无数种表现形式，但也并非无迹可寻。斯坦福大学沟通与领导力讲座教授彼得·迈尔斯（Peter Meyers）在《高效演讲——斯坦福备受欢迎的沟通课》一书中总结了一个经典叙事结构（见本工具式样）。如果以“演讲时间”作为横向坐标，以“听众参与的热情”作为纵向坐标的话，演讲会经历开头、中间、结尾三个阶段。在开头阶段，演讲者可以设置一个情感的坡道和听众建立联系，向听众表达演讲者的同理心，这样演讲者将要表达的正是听众需要的。接着需要展示一个清晰的路线图，例如，演讲者可以说：“我们用 30 分钟的时间来表达我们团队对某某事件的研究结果。”在中间阶段，可以提炼三个要点，展现一个清晰的演讲结构。而在要点表达的过程中，可以穿插与观众的问答来提高现场的参与度，这也是降低演讲者紧张情绪的好办法。在结尾阶段，明确点出结论，用幽默、激情或是睿智的表达（“甜点”）将听众的情绪推向高潮。

这是一个非常简单、清晰且通用的结构，并非一种限制，而是一个有效的框架。有了框架，学生便知道如何组织内容，同时在框架之内尽情发挥自己的创意，展现一场高质量的演讲。

何时使用

演讲通常在第七模块“成果凝练、成果展示”出现。我们可以在演讲准备期使用本工具。

如何使用

长沙市岳麓区实验小学曾在全校开展“碳中和”主题的项目式学习，每个年级根据学生的年龄段特征和教师的教学内容来选择合适的选题。六个年级选择了六个不同的方向，例如四年级选择的驱动问题是“如何组织一场低碳生日会”，通过让学生改变每月一次的生日会组织形式来降低碳排放。而五年级关注到了碳排放带来的全球变暖使两极动物的生存空间受到挤压的现实问题，提出了“如何送北极熊回家”这个驱动问题。在“送北极熊回家”这个项目中，学生研究了北极熊的生存现状，对地球气温上升的原因进行调研分析，并制作了一系列帮助北极熊回家的倡议书、海报、低碳生活行动指南……项目成果非常丰富。最后，学生选择了演讲作为本项目的成果展示方式。在一次声情并茂的演讲（见图 2–46）中，观众感受到帮助北极熊更是在帮助人类自己，环保应该从身边的事情做起。

演讲的结构也非常清晰。在开头阶段，演讲学生从北极熊的生存现状讲起，同时展示令人触目惊心的图片，有效地调动起观众的情绪，使之适应了演讲的节奏。在中间阶段，演讲学生从“现状调查”“原因分析”“我们能做什么”三个方面展开清晰的讲解，通过简单的问答和互动让观众沉浸其中。在结尾阶段，演讲学生展示了他们创编的环保小快板，用轻松活泼的方式向观众介绍了“低碳生活行动指南”，并把气氛推向了高潮。

图 2–46 “送北极熊回家”项目演讲

工具 30 信息图表四要素

为何使用

信息图表（又称信息图形）设计（infographic design）的主要目的是借助设计手段，将复杂的概念、信息和数据图形化，在更短时间内呈现更多含义，从而更高效和清晰地交流信息。在现代社会中，人们每天接收到的信息中，视觉信息占到了很大比例。与纯文本相比，色彩、图形更有利于结构化的表达，能够提高人们对信息的接受度和理解度。

信息图表使受众可以通过视觉信息进行快速理解和记忆，使信息获取更加高效和便捷。它为人们总结信息、展示调查结果、交流观点或唤醒大众对某个事件的意识提供了有效的、引人入胜的方式。学生在项目式学习中，可以通过形式多样的信息图表，有效整理收集到的信息，理清思路，清晰、快捷地展示自己的研究和思考成果。信息图表的类型较多，可以根据项目主题和驱动问题来决定，如展示型、概念型、探索型和数据型，也可以根据关键信息的特点来选择，如混合图表、剖面图、流程图等。

信息图表的基本组成包括四要素。第一，信息／数据。这是设计者通过信息图表最想表达的关键信息。第二，图／表。这是对信息／数据的视觉化表达。第三，功能。设计者需要考虑信息图表的呈现对象，并清楚通过信息图表的呈现达到什么目标。第四，设计。这一要素最能体现设计者的想法和创意，通过独特的、创新性的表达，让受众对信息图表印象深刻，进而关注到关键信息。

何时使用

学生在项目活动中会收集数据、调查研究、分析数据和整合信息，此后就需要用信息图表来展示他们的发现、故事、体验和结论。信息图表除了可以使用在成果展示环节以外，还可以用在第六模块“解决问题、产出成果”中，或作为阶段性成果的呈现形式。信息图表四要素是创建信息图表的一个基本框架。

如何使用

制作信息图表时，需要通盘考虑这四大要素，下面我们以北师大师范生的“低碳制冷装置设计”项目为例加以说明。对于要素我们要考虑关键信息是什么。北师大的这个项目中，学生需要通过 16 课时的学习制作一份项目式学习教学设计。因此，学生想要表达的关键信息就是这份教学设计的框架，包括项目的核心驱动问题、立项五要素、主要产品等。这样的教学设计通常以表格的方式出现（如表 2–28），优点在于结构清晰，缺点在于比较枯燥，很难让人印象深刻。

表 2–28　传统教学设计表（部分）

第一部分　基本信息

学生年龄段	
项目名称	
项目思路（项目的起源、挑战、意义、期待）	
项目成员数	

续表

团队内人数	
项目开始日期	
项目时长	
学校 / 教育机构名称	
指导教师	

确定了关键信息，接下来就需要考虑要素二，思考什么样的图片或表格，可以让表达更加符合人们阅读的视觉需要。由于本项目的产品是“低碳制冷装置”，学生选择了以地球母亲为图片主要元素，并选择了冷色作为主色调。

要素三是信息图表的功能。该项目的成果展示发布在微信公众号上。这个公众号的用户来自全国各地，都是对项目式学习感兴趣的教师。学生认为关注项目式学习的教师除了关心项目的框架，还会关心项目的细节，因此除了展示核心和分解驱动问题，还梳理了项目落地的流程设计和阶段性产品。

要素四就是设计了。为了让信息图表能够展示所有关键信息，学生采取了分区设计的方式，将图表分为主题区、流程区和产品区，将地球母亲、太阳、花草绿树等图片元素有机融入画面当中，还在流程区采用了曲线构图，让流程看起来非常灵动。字体的大小和颜色也很合理，呈现出一个质量较高的信息图表（见图 2–47）。

图 2-47 “低碳制冷装置设计”项目信息图表

工具 31 视频创作构思表

工具31 式样

① 前期准备

- 视频脚本创作
- 确定拍摄地点和时间
- 组织拍摄人员及分工

…………

② 拍摄与调度

- 现场设备与调度
- 人物、场景、故事情节
- 镜头运用（远、中、近、特写等）
- 回看补拍镜头

…………

③ 后期剪辑

- 剪辑软件使用
- 剪辑技巧

…………

④ 视频效果

- 片头片尾、音效、背景音乐、字幕、字体等
- 专业特效制作

…………

为何使用

项目式学习的阶段性成果、最终成果都可以使用视频的方式进行输出和展示。视频展示要最大化地调动观众的感官，这可以通过用视频工具制作特效来实现。而吸引眼球只是第一步，如何让视频内容和观众建立感情连接并被理解和接收，才是学习的关键点。

视频的表现形式种类繁多。学生在项目式学习中比较常用的类型有解说型、纪录片型、街头采访、创意剪辑、技能分享、情景短剧等。他们需要根据项目活动的探究成果来决定制作哪种类型的视频作品。以解说型视频为例，学生要通过调查研究发现现实中存在的问题，了解人们对这个问题的反应，通过设想、试验或模型搭建，提供解决办法的建议，最后展望未来（见图 2–48）。

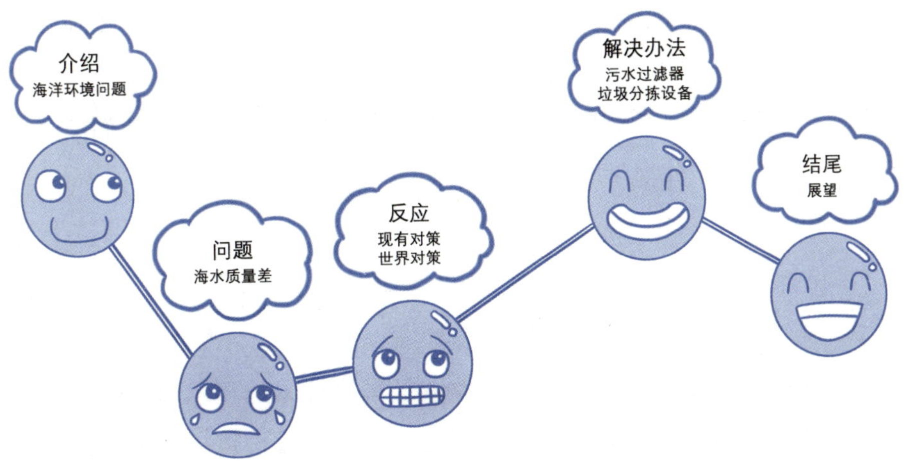

图 2–48　解说型视频的构思框架示例

纪录片型视频需要学生根据驱动问题找到值得记录的创意，通过调查和准备，搭建视频的故事结构，和提前熟悉采访对象，建立信任关系，并在采访聊天中抓住其主要情绪，挖掘情绪背后的故事（见图 2–49）。在情景短剧中，学生可以进行剧情创作，根据主题设计人物和故事冲突，用剧情的设计让观众感受和思考。

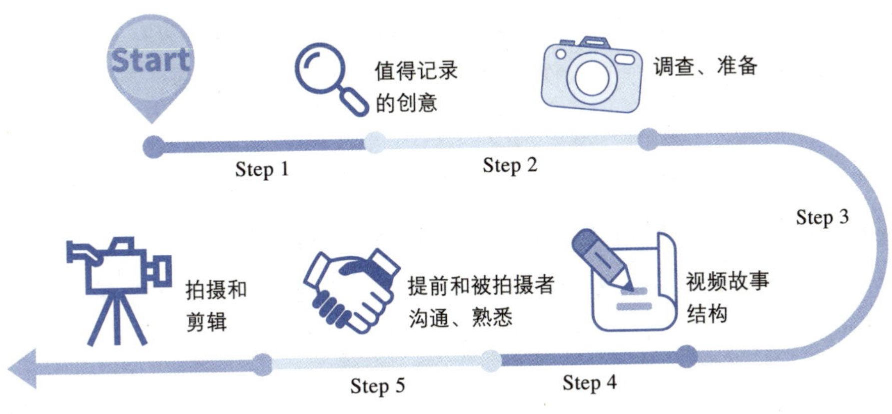

图 2–49　纪录片型视频构思框架示例

要创作出高质量的视频作品，在短短几分钟内讲述事实、突出观点，对学生来说是一个“大项目”。他们需要进行四大模块的工作，包括前期准备、拍摄与调度、后期剪辑、特效制作。创作构思表可以为他们准备、组织和实施各项工作提供框架性的方向和参考。

何时使用

视频展示可能出现在里程碑事件或是最终成果的展示活动中。在正式开始制作视频之前，教师和学生可使用视频创作构思表来进行规划和安排。

如何使用

以长沙市岳麓区博才咸嘉小学的“让世界看到湖湘漆器之美”项目视频创作为例（见表 2–29），在前期准备模块，首先要明确拍摄的故事蓝本和表达方式。学生选择以湖湘漆器的起源作为故事蓝本，并创编了有趣的故事情节。教师与学生共同决定使用定格动画这种方式来展示这个故事，因为定格动画比较有趣、观赏性强，且制作难度比连续的动画要低一些，适合这个年龄段的同学来操作。教师引导学生根据工作内容，为团队成员分配文案、美工、摄影、剪辑等角色。

在拍摄与调度模块，需要提前计划拍摄所需的场地及设备，确保这些资源在拍摄开始时能够到位，以此来倒推项目进度和时间安排。

在后期剪辑模块，需要确定本次剪辑用到的软件。如果学生从未使用过这个软件，教师需安排专门的教学课时。在上述项目中，定格动画的形式对学生来说比较陌生，教师便安排了课时来指导学生定格动画的制作方法。

在特效制作模块，教师可引导学生发挥创造力，对动画的效果进行设计和规划，设计合适的转场效果，选择合适的背景音乐。在这一过程中，学生不仅加深了对湖湘漆器的了解，还综合运用了音乐、美术等表现形式，提高了艺术素养。

表 2–29 “让世界看到湖湘漆器之美”项目视频创作构思表

前期准备	拍摄与调度
• 以漆器的起源作为故事蓝本创作定格动画 • 在美术课上进行拍摄 • 对小组成员进行合理分工	• 准备单反相机 • 准备定格动画素材卡片 • 准备背景干净的拍摄场景
后期剪辑	**视频效果**
• 学习使用剪辑软件 • 学习定格动画剪辑技巧	• 设定动画素材的转场方式 • 确定背景音乐和配音 • 片头、片尾的创意

工具 32 戏剧演出筹备单

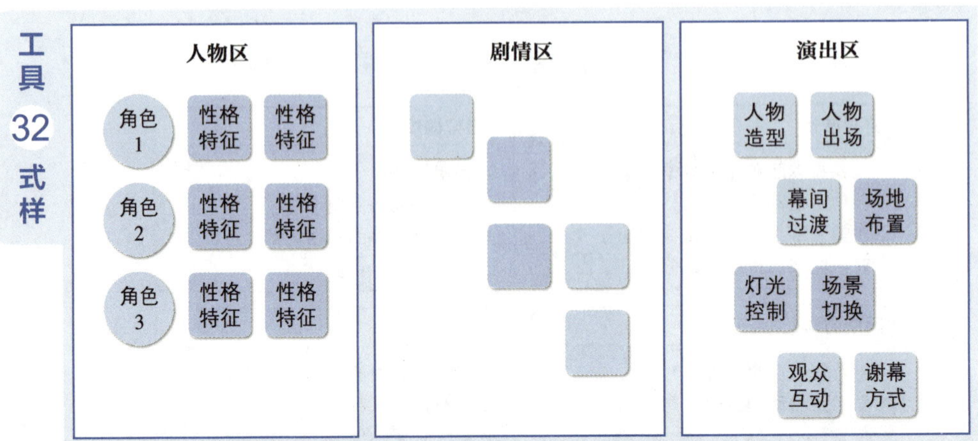

为何使用

戏剧是人类生命的表现形式，戏剧创造的过程就是对人生的体验、感悟和表现过程[①]。戏剧表演中对问题的思考、角色的揣摩和外显化的表达，是学生感受、体验和理解生活的重要方式。学生在假设的情境下，体验各种人物的物质和情感世界，在安全的情境中表达情绪，想象和尝试解决问题。

戏剧是对学生项目学习成果的一种综合性展示，不仅能够呈现学生对人物的理解、对作品的二次创作、对生活的感悟，同时也是在锻炼和展示学生的组织协调能力、问题解决能力、表达能力和创新能力。通过对剧本、台词、场景、节奏和角色的理解，学生把核心知识和自己生活中的真实问题、情境相连接，进行知识和能力的迁移。

但是教师并非专业戏剧导演或演员，很多学校也未配备专职戏剧教师，组织一场戏剧表演并非易事。一方面，教师需要在整个项目过程中把

① 孙文辉. 戏剧哲学：人类的群体艺术[M]. 长沙：湖南大学出版社，1998.

握各环节的节奏和重点，对学生进行指导和纠偏；另一方面，也需要给学生一个清晰的框架，指导学生把需要完成的任务进行可视化的整合。戏剧演出筹备单给出了筹备一次演出的基本框架，为戏剧演出的准备和实施工作提供了支架。

何时使用

戏剧表演可以用于第七模块“成果凝练、成果展示”中。教师可以在戏剧准备期使用本工具。

如何使用

戏剧演出筹备单可以作为戏剧项目的整体规划工具。一次戏剧演出需要导演、编剧、演员、道具、服装、剧务等不同的角色，这些角色均由学生担任。

教师可将戏剧演出筹备单制成一张超大型海报，张贴在教室醒目位置，帮助不同角色的学生各司其职，展开合作。各小组学生可以按照自己的角色去海报上填写内容，或者把创意写在便签上，然后贴在海报上。

例如，在中国共产党成立一百周年之际，北京市良乡中心小学发起了“演绎红色经典，厚植爱国情怀”的项目式学习活动。从暑期阅读开始，学生选择了感兴趣的主题作为自己的阅读材料，开学后组成不同的戏剧小组，演出了《觉醒》《草地》《王二小》等剧目。学生使用戏剧演出筹备单进行演出前的设计，通过“人物区”梳理了剧中的主要人物，遴选演员。负责编剧的同学在“剧情区”进行创作，并引导全体成员一起共创。导演及其他演职人员根据“演出区”的要素进行演出前的筹备工作，有条不紊。

四、复盘结项阶段工具详解

评价教师的工具

工具 33 PBL课程设计评价表

工具33式样

六要素	卓越（5）	优秀（4）	良好（3）	达标（2）	未达标（1）	得分
问题驱动						
持续探究						
学生参与						
学科融合						
产品导向						
评价引领						

为何使用

首先，对课程设计进行评价的直接目的是实现学生、课程、教师三方面的共同发展与提升。作为课程设计的主体，教师通过评价表的反馈，可以对教案进行调整和迭代，在以后的使用中不断完善。经典的项目式学习主题是不会过时的，值得教师在评价反馈下不断打磨和改进，以适应技术发展和学生需求。教师的课程设计能力也是在设计、评价、反思、重新设计的过程中不断得到提升的。学生也是课程设计评价的受益者。评价促使课程得到及时的调整和进步，也使学生的各方面能力得到更好的发展。三方面可以同时得到提升。

其次，对课程设计进行评价的根本目的是为社会、为教育行业培养高质量的专业人才。新教师或者刚刚开始使用项目式学习进行教学的教师，可以利用评价表中的五个级别不断提升教学水平，最终成为专家级教师。在实现专业化的道路上，教师需要学习和理解项目式学习的基础理论，再通过教学实践中的应用和分析，不断自我评估、反思改进，这样才能设计出高质量的项目式学习课程。

项目式学习课程设计的评价围绕六个要素展开，分别是问题驱动、持续探究、学生参与、学科融合、产品导向和评价引领。这六个要素是项目式学习课程的基本框架和设计方针（见图 2–50）。

图 2–50　PBL 课程设计评价六要素

问题驱动

项目式学习的进程由问题来驱动，而不是由任务来驱动。在教学设计阶段，我们需要带领学生理清驱动项目前行的问题链，让学生在对问题的主动探究和解决中学习，而不是通过被动完成教师布置的任务来学习。

持续探究

项目式学习的特点是学生通过研究具有持续探究性的问题来完成对知识的深度学习，因此在问题的选择上，要特别注意具有持续探究性这个特点。问题如果通过搜索引擎或百科全书能够直接找到答案，就不是具有持续探究性的问题。只有具备层次性、开放性的问题，才是具有持续探究性的问题。例如，下表中左侧的问题是通过查阅资料可以直接找到答案的，而右侧的问题，则是能够激发学生的持续思考，并通过对知识的持续理解来解决问题的。

表 2–30　具有持续探究性的问题

简单 / 封闭的问题	具有持续探究性的问题
绿豆是怎么变成豆芽的?	如何发出高品质的豆芽?
如何去除马克笔的痕迹?	如何研发健康、环保、可洗的水笔颜料?
如果穿越到古代，如何度过重阳节的一天?	如何打造一个对老年人更加友好的世界?

学生参与

项目式学习鼓励学生参与，就如前面讲过的“自行车模型”所呈现的，学生参与项目式学习的全部流程，只是在时间占比上和教师有所不同。例如，在“健康生活”项目中，北京理工大学附属中学的文伟副校长以“如何让家人吃得更健康”为核心驱动问题，邀请学生和教师一起制定这个项目的目标，制定评价标准，设计项目流程，真正做到了学生的全程参与。

学科融合

项目式学习鼓励跨学科学习，但是跨学科并不等于多学科。我们经常看到这样的主题性课程，例如，在中秋节这一天，美术老师带着学生画中秋，语文老师带着学生颂中秋，劳技课上做月饼……这样的“拼盘式”课程虽然涉及多学科的内容，但是学科之间不存在内在关联，缺少其中的某个学科内容，都不影响整体课程的实施。而学科融合则需要各个学科被真实问题的解决串联起来，彼此融合。例如，在前面提到的“故宫十二时辰”项目中，语文、数学、美术、信息技术分别在调研报告撰写、模型制作、美食复原、云端展示这些环节中，自然地融合，缺一不可。同时，与解决问题无关的学科则无须刻意融入。

产品导向

项目式学习是产品导向的。教师往往非常重视项目的最终产品，以及产品的展示。这常常引导我们进入一个误区，就是认为产品越复杂越好，越“炫技”越好。教师和学生也常常被“戏剧演出”“视频制作”这样的时间成本较高的产品消耗大量的精力。其实产品是为解决问题而服务的，如果产品与核心驱动问题的解决强相关，我们就需要倾力打造尽量完美的产品，反之则应该舍弃。例如，如果项目的核心驱动问题是“如何开发一款今夏热销的新口味冰激凌”。那么即便你制作出一款非常好吃的面包，也没有解决本项目的核心驱动问题。

评价引领

项目式学习与传统教学方式有很多不同，其中一个重要的不同就是评价引领、评价前置。我们需要提前设计评价矩阵并在入项活动时向所有团队成员公布。因此学生在项目一开始就应清楚项目的目标、评价的标准，并知道自己努力的方向。

我们可以将这六要素作为衡量高质量项目式学习教学设计的标准，从五个级别来为每个要素评分，并对每个级别的表现进行描述，供评价者对应描述打分。而这五个级别的描述，也展示了从新手到专家的发展路径。

何时使用

PBL课程设计评价表可以用在项目正式开始实施之前，由教师团队中的成员、教研员或是专家，对教师的课程设计进行评价和打分，通过这个环节对教学设计进行修改和完善。PBL课程设计评价表也可用在项目结束后，由教师、教研员或专家结合课程实施的效果，对先前的课程设计进行评价、考察和反馈。

如何使用

在评价课程设计质量时，评价者可以依据教师撰写的项目式学习教案进行六个要素的逐项评定，参照评价标准给出每项的具体分值（1—5分）①。评价者也可以在打分的同时，在每一要素的下方给出文字的反馈，如做得好的具体部分、需要改进的方面，或其他具体的意见。

教师也可使用课程设计评价表进行自评，对照标准及分值对每个要素自行打分，在打分后进行修正和改进，并在评价表之后写下文字的反思和小结，不断迭代和提升自己的课程设计方案。

① 完整评价量规可通过如下链接下载：https://skz.xet.tech/s/OF8ym。

工具 34 PBL课程实施评价表

评价维度	评价标准					得分
	卓越（5）	优秀（4）	良好（3）	达标（2）	未达标（1）	
聚焦课标						
构建文化						
项目管理						
搭建支架						
评估学习						
复盘反思						
						总分：

为何使用

一个高质量的设计未必能获得预期的效果，例如，在一个工程项目中，设计图纸的好坏体现的是设计师和设计团队的水平，而工程质量的好坏则取决于施工单位和团队的水平。因此除了评价教师的教学设计之外，我们还需要把控教师的教学实施质量，这样才能确保项目式学习的实施效果，学生才能在项目式学习中真正得到发展。PBL 课程实施六要素由聚焦课标、构建文化、项目管理、搭建支架、评估学习、复盘反思组成（如图 2–51 所示）。这六个要素是项目式学习课程实施的基本框架和指导方针。

图 2–51　PBL 课程实施六要素

聚焦课标

项目式学习的落点是学习，无论我们开展什么样的学习活动，最终都是要让学生掌握知识和发展能力。“PBL 目标体系”（工具 2）的使用，目的就是让教师在项目开始前，对项目和学习目标有明确的定义。同时，在项目实施过程中，目标的落实尤为重要。教师在开展项目的过程中，是否能够紧扣课标，帮助学生扎实地掌握课标知识，真正做到“做中学”，而不仅是“做项目”，是高质量项目实施的重要保障。

构建文化

项目式学习的课堂文化与传统的课堂文化有很大区别，最重要的区别就是互动方式发生了根本性变化。从传统课堂中教师对学生一对多的交流，变成了教师与学生之间、团队内部学生之间、学生团队之间的网状交互。如果没有一个互相尊重、彼此信任、充满安全感的课堂文化，这样的互动方式不仅不会构建出高质量的课堂，还会是一场灾难。这也是很多教师在开展项目式学习时感到效果不佳的原因所在。良好的文化，可以让学生懂得尊重，明白指责和攻击他人并不能解决问题。良好的文化，相信“相信”的力量，教师相信学生，不会越俎代庖，学生相信同伴，一起共创奇迹。良好的文化，充满着安全感，学生不会担心被教师指责，或被同伴嘲笑，得以释放出真正的潜能。

项目管理

项目管理是贯穿项目始终的主线。作为“项目经理”，教师项目管理做得怎么样，直接决定了项目的成败。项目管理也是传统学科教师比较欠缺的能力，不过通常经过 3—5 次项目实施的锤炼，教师很快就可以成长为项目管理高手，并将这样的能力迁移到真实世界的工作和生活中，成为一名理性、高效、受欢迎的人士。

搭建支架

项目实施的好坏，不在于教师水平的高低，而在于教师搭建支架的能力。支架就像给学生提供的舞台，为学生搭建合适的支架，学生就可以跳得更高，反之则会限制学生的发展。支架的类型可以大致分为“知识类支架”——提供先导知识、学习资源、信息获取的渠道等，“技能类支架”——提供方法、工具和技术等，以及“流程性支架”——给学生提供自主探究、创造创新、展示自我的机会和条件。

评估学习

在 PBL 课程设计的评价中，“评价引领”是重要的评价指标，此时评价的是“评价方案”的制定。而 PBL 课程实施评价更加重视评价方案是否落地、学生是否得到及时的评价和反馈、教师是否在合适的时机采取了合适的评价方法并及时记录、过程性评价是否能够改善学习的质量、终结性评价是否能够反映学习的效果等问题。如果教师在评价的帮助下做到了这些，评价工作就发挥了该有的价值。

◎ 复盘反思

项目式学习具有可不断修正和迭代的特点。在真实问题的探究过程中，难免会出现新的方案或想法，因此教师和学生都需要在项目进行中不断地复盘反思。在里程碑事件或出现问题的卡点，师生都可以复盘反思。这样的活动不仅有助于项目的高质量完成，更有助于教师的专业成长和学生核心素养的培育。

我们可以将这六要素作为衡量高质量项目式学习教学实施的标准，从五个级别每个要素评分，并对每个级别的表现进行描述，供评价者对应描述打分。而这五个级别的描述，也展示了从新手到专家的发展路径。

何时使用

PBL 课程实施评价表通常用于项目完成之后，由教师团队中的成员，或一直进行课堂观察的教研员、专家，对教师的教学实施进行评价和打分，帮助教师反思和提高教学实施的质量。教师将这六个要素和评价指标深深印在脑海中，有助于他们在项目实施的过程中不断对照、反思、提升。

如何使用

在评价教学实施质量时，评价者可以依据项目过程中教师的行为和学生的表现，对六个要素进行逐项评定，参照评价标准给出每项的具体分值（1—5 分）及总分[①]。评价者也可以在打分的同时给出文字的反馈，如做得好的具体部分、需要改进的方面，或其他具体的意见。

教师也可使用教学实施评价表进行自评，对照标准及分值对每个要素自行打分，在打分后进行修正和改进，并在评价表之后写下文字的反思和小结，不断提升自己的教学实施能力。

① 完整评价量规可通过如下链接下载：https://skz.xet.tech/s/OF8ym。

工具 35 BESMART素养评价表

BESMART关键能力	能力表现	行为表现	评价等级（请勾选）					请打分
			非常符合	比较符合	大致符合	略有体现	没有体现	分数
			5	4	3	2	1	

为何使用

回顾我们在 PBL 目标体系（工具 2）讲过的 PBL 核心素养目标，教师需在 BESMART 能力模型中选择与项目相关的 2—3 个维度来作为本次项目重点发展的能力。PBL 目标体系体现了能力评价的二级指标，方便教师以此作为制定评价矩阵（见工具 9）的目标依据。课程目标的评价，对教师来说并不是太难，参照国家课程标准即可，而 PBL 核心素养目标的评价仅靠二级指标是不够的，还需要把能力表现细化到三级指标[①]的行为表现，通过观察具体的行为来对学生的能力做出相应的评价。

评价矩阵是一个项目的评价框架，而评价的落实则需要一个个的评价量规或评价表。例如，在“有爱的包装盒”项目中，评价矩阵显示我们需要对学生的“有效沟通与合作”进行评价，那么就需要借助一个评价量规对“沟通与合作”的外在行为表现进行观察、捕捉、打分或给予

① BESMART评价体系三级指标表格可以从如下链接下载：https://skz.xet.tech/s/OF8ym。

反馈。

在 BESMART 素养评价表中，我们将第一列设置成为本项目挑选出来的评价维度，第二列显示与本项目相关的能力表现（二级指标）。接下来需要在我们 BEMART 评价体系中挑选与项目相关的行为表现（三级指标）作为第三列的内容（请注意，是挑选相关的行为表现，并不是全选）。后面是评价等级和打分栏。对于不需要用分值进行评价的内容，也可以把打分栏替换为反馈栏。

何时使用

对单个项目的 BESMART 素养评价，通常在项目结束后的终结性评价阶段进行。教师可以根据目标体系设定（参阅工具 2）中选取的 PBL 核心素养目标，选择相应的维度进行评测，来体现能力目标的达成情况。

BESMART 素养评价表还可以用在学生核心素养的整体性评价中，作为七个维度全面评测的工具。教师可以对未参与项目式学习的学生进行前测，并在开展项目式学习一段时间（如一个学期或一个学年）后进行后测，来验证项目式学习对学生核心素养的提升效果。

如何使用

在做单个项目的 BESMART 素养评价时，首先应找到我们需要评价的主产品 / 表现。

下面我们以“有爱的包装盒”项目为例加以说明。

这个项目中，有两项主要表现都能够体现能力目标的达成，分别是“有效沟通与合作”和“成果汇报”（见表 2–31）。

表 2–31 “有爱的包装盒”BESMART 评价维度

主产品 / 表现	学习目标	评价证据	评价方式	评价时机
有效沟通与合作	• 能够通过有效的交流（通知、说服、询问、激励等）达成自己的目的。 • 能够与他人合作，共同实现一个目标。	日常沟通、团队合作、问题解决	评价量规（自评、互评）	每个里程碑结束时（形成性评价）
成果汇报	• 善于倾听和表达，能够吸收他人观点，表达自己的观点。 • 能够通过语言、艺术和设计等方式来表现美和创造美。 • 具备用户思维，能够设计对用户友好的产品。	演讲、产品设计理念、用户思维	评价量规、教师反馈	成果展示时（终结性评价）

这里的“有效沟通与合作”指的是在项目进行的过程中，学生沟通与合作能力的体现，教师可以运用形成性评价的方式对其进行评价。因此，教师需要编制一个评价量规（示例见表 2–32）单独评价此项能力。教师可以在项目的关键节点或是日常观察中，对学生进行评价。

在设计评价量规时，可以参照 BESMART 三级指标体系。教师可以从 BESMART 三级指标体系中选出与项目相关的行为表现。如果教师需要观察更多的行为表现，可自行补充。对“有效沟通与合作”的评价，可以用打分的方式，给出一个分数，也可以用给出评语的方式。教师可以根据项目需求选择最适合的评价方式。

表 2-32 “有效沟通与合作”评价量规（“有爱的包装盒”）

<table>
<tr><th rowspan="3">BESMART关键能力</th><th rowspan="3">能力表现</th><th rowspan="3">行为表现</th><th colspan="5">评价等级（请勾选）</th><th>请打分</th></tr>
<tr><th>非常符合</th><th>比较符合</th><th>大致符合</th><th>略有体现</th><th>没有体现</th><th rowspan="2">分数</th></tr>
<tr><th>5</th><th>4</th><th>3</th><th>2</th><th>1</th></tr>
<tr><td rowspan="5">有效沟通与合作</td><td rowspan="5">• 能够通过有效的交流（通知、说服、询问、激励等）达成自己的目的。
• 能够与他人合作，共同实现一个目标。</td><td>能够运用礼貌用语（没有指责、埋怨或攻击性语言）与他人进行交流。</td><td></td><td></td><td></td><td></td><td></td><td></td></tr>
<tr><td>善于倾听，能够从他人的表达中获取关键信息。</td><td></td><td></td><td></td><td></td><td></td><td></td></tr>
<tr><td>能够理解团队共同的目标和方向，知道团队目标的达成与自己密切相关。</td><td></td><td></td><td></td><td></td><td></td><td></td></tr>
<tr><td>清楚团队角色的划分和每个成员的职责。</td><td></td><td></td><td></td><td></td><td></td><td></td></tr>
<tr><td>有责任感，将团队的事当作自己的事。</td><td></td><td></td><td></td><td></td><td></td><td></td></tr>
</table>

“成果汇报”的部分，我们综合了“有效沟通与合作”和“审美创造”两个维度。其中“有效沟通与合作”更加偏重于在“成果汇报”环节，学生沟通与合作能力的体现，教师可以运用终结性评价来评估。“审美创造”则重点考量学生的最终产品以及成果汇报材料中的美学表达。我们需要将相关的能力表现和行为表现整合在一个评价量规里（示例见表 2-33）。

表 2–33 “成果汇报”评价量规（“有爱的包装盒”）

BESMART关键能力	能力表现	行为表现	评价等级（请勾选）					请打分
			非常符合	比较符合	大致符合	略有体现	没有体现	分数
			5	4	3	2	1	
有效沟通与合作	• 能够通过有效的交流（通知、说服、询问、激励等）达成自己的目的。	口头表达顺畅、流利、有条理，能够说清楚自己的观点和思考。						
		有较强的说服力，表达的观点容易让人接受。						
审美创造	• 能够通过语言、艺术和设计等方式来表现美和创造美。 • 具备用户思维，能够设计对用户友好的产品。	能够用合适的方式（演讲、绘画、戏剧等）分享自己的审美体验。						
		将自己对美的认知融入自己的作品中。						
		设计项目产品时，能够充分考虑用户的审美倾向。						
		能够评价项目产品时，将美学表现作为重要的评价依据。						

如果我们需要使用 BESMART 能力模型做学生素养的整体性评价，则需要兼顾它的七个维度，并挑选出每一维度希望观察和评测的行为表现，制成量规或是问卷，组织教师和学生开展师评、互评和自评。

工具 36 调研报告评价表

考核项目	评价指标	评价等级（请勾选）					分数
		非常符合	比较符合	基本符合	基本不符合	完全不符合	
		5	4	3	2	1	
调研报告基本要求（20分）	格式规范、结构完整。						
	能科学整理、归纳和分析收集到的信息。						
	能合理阐述调查得出的事实和材料。						
	能总结调研结果和说明结论。						
论证和解决问题（30分）	知道人物访谈、实地观察、文献和网络调查等收集信息的方法。						
	理解收集到的信息怎样为报告观点的形成提供有力支持。						
	分析什么样的证据能支撑自己的观点。						
	应用分析、对比和辩证思考表达自己观点，达成共识。						
	评估现有的和可用的问题解决思路和方法。						
	形成创新性的观点和方法。						
主动探究和实践（30分）	知道行动计划的截止日期和相关要求。						
	理解开展调研的目标。						

续表

考核项目	评价指标	评价等级（请勾选）					
		非常符合	比较符合	基本符合	基本不符合	完全不符合	分数
		5	4	3	2	1	
主动探究和实践（30分）	分析高质量调研的基本要素。						
	应用合适的调研方法，团队协作，以获得有效信息。						
	评估调查过程、数据来源及其可靠性。						
	有创意地使用调查结果，并得出视角新颖的结论。						
写作技能（20分）	内容真实，观点鲜明。						
	材料性强，举证有力。						
	夹叙夹议，结构合理。						
	语言简洁，行文流畅。						
						总分：	

为何使用

调查研究是通过考察了解客观情况，直接获取有关材料，并对这些材料进行分析的研究方法。在项目式学习中，学生可以通过发放问卷、访谈、实地调查、文献/网络调查等方式开展调查研究。各种方式获得的信息又反映了不同的研究范式，如发放问卷，是在随机选取样本的基础上进行量化研究，从相对可信的研究样本中得出具有一定代表性的数据结果；问卷中问题的信度、效度和区别度都需要有一定的保障。访谈和实地调查则是通过对个体的调查研究，获得更为详细和个性化的答案。学生需要结合客观事实和主观判断对调查结果进行推理论证，实现对现象的解释和影响因素的分析。在使用文献／网络调查时，学生面对的是海量的二手信息，这需要他们对信息来源有一定的认识，以便在纷繁复杂的信息中选取来源可靠的部分，作为推理论证的支撑材料。

在文献／网络调查中，学生可以调研一个问题在国内外的现状、历史发展过程、影响的人物和事件、未来的发展趋势等信息，从而获得宏观—中观—微观各种层面的信息。在描述性、解释性和探索性的研究中，学生可以用这些信息表展示事实、分析问题、支撑观点、做出决策。

从调查研究到完成调研报告，学生把各方面的事实性知识，通过总结、归纳、推理、论证等方法转变为概念性知识。例如，在“未来智慧校园设计师”的项目中，学生通过采访校领导、教师、同学对智慧校园的认识，实地考察学校的智慧校园实施情况以及文献／网络调查获得的信息，结合自己和小组组员的感受和需求，提出了“未来智慧校园”设计方案和设计图。学生在团队合作中罗列、分类、归纳收集到的信息，形成自己的观点和思路。而在推理论证的过程中，他们的背景知识和已有经验也发挥着作用。学生更愿意吸收和内化与自己成长经历、先验知识能产生连接的信息。因此教师要在项目启动和知识准备环节，让学生积累大量与分解驱动问题相关的信息和知识储备，还要及时向他们公布评价标准，使其对要调研主题、内容和需要达到的标准有提前了解和准备。

调研报告作为最终成果展示的形式，它的完成质量既体现了学生在探究过程中利用收集到的资料进行推理论证、解决驱动问题和分问题的过程，也反映了学生对调研报告这个探究方式的掌握情况。

布鲁纳提出教育目标的六个层次：知道、理解、应用、分析、评价和创造。我们可以从这六个层次考查学生是否完成了高质量的调查研究。例如，在论证和解决问题的能力方面，知道调研中可用的各种收集信息的方法；理解收集信息和提出报告观点之间的关系；应用各种推理论证的方法，在团队内达成共识；分析用哪些证据支撑提出的观点；评估现有的和可用的解决问题的思路和方法；形成创新性的观点和方法。

何时使用

调研报告评价表适用于项目成果展示阶段。教师、邀请嘉宾或同学可以使用这个评价表对学生的调研报告进行打分。教师可以在项目启动或知识准备阶段公布评价表，让学生参照开展探究活动。

如何使用

调研报告评价表有五个评价等级（非常符合到完全不符合），共 20 个条目。每个条目的满分为 5 分，四个考核项目的满分共 100 分。教师可以根据学生的具体表现在每个条目中给出相应的分数，总计最后得分；可以根据调研报告的类型和学生能力的考查重点，对这个评价表进行扩展和修改；也可以视使用习惯和具体需求，将评价标准从百分制改为权重分值。

从评价表的分数中，学生可以清晰地看到每个条目的分数和每个考核项目的分数，方便他们改进自己较为欠缺的部分。教师也可以一目了然地看到学生的问题，从而有针对性地进行讲解，或者通过启发式的问题让学生进一步思考。

工具 37 视频产品评价表

考核项目	评价指标	评价等级（请勾选）					分数
		非常符合	比较符合	基本符合	基本不符合	完全不符合	
		5	4	3	2	1	
选题 （20分）	主题指向解决或回答驱动问题。						
	选题新颖，源于生活中的真实问题。						
	可以考虑到观众的背景知识和需求。						
	合乎视频类型的要素。						
解决问题的能力 （20分）	能够归纳整理收集的资料。						
	收集的材料能为视频中的观点提供有力支持。						
	能自主、合理地解决视频产品制作中的问题。						
	能深入进行团队合作，借助团队的力量解决问题。						
探究和实践 （20分）	能在制作过程中展示思考过程。						
	能运用科学合理的推理方法思考问题。						
	能按照活动计划自主探究。						
	能阶段性地总结和分析下一步工作。						
技术素养 （20分）	合理地使用剪辑软件中的滤镜、转场、画中画等效果。						
	在各部分合理添加文字，字号位置适宜。						

续表

<table>
<tr><th rowspan="3">考核项目</th><th rowspan="3">评价指标</th><th colspan="6">评价等级（请勾选）</th></tr>
<tr><th>非常符合</th><th>比较符合</th><th>基本符合</th><th>基本不符合</th><th>完全不符合</th><th rowspan="2">分数</th></tr>
<tr><th>5</th><th>4</th><th>3</th><th>2</th><th>1</th></tr>
<tr><td rowspan="2">技术素养（20分）</td><td>声音运用恰当，声音特效合适。</td><td></td><td></td><td></td><td></td><td></td><td></td></tr>
<tr><td>使用贴合主题的图片和视频素材。</td><td></td><td></td><td></td><td></td><td></td><td></td></tr>
<tr><td rowspan="4">审美创造（20分）</td><td>有一定的想象力和个性表现力。</td><td></td><td></td><td></td><td></td><td></td><td></td></tr>
<tr><td>视频色彩运用得当，版面设计合理生动。</td><td></td><td></td><td></td><td></td><td></td><td></td></tr>
<tr><td>通过色调和画面和谐合理地表现主题。</td><td></td><td></td><td></td><td></td><td></td><td></td></tr>
<tr><td>内容结构完整流畅、独到新颖。</td><td></td><td></td><td></td><td></td><td></td><td></td></tr>
<tr><td colspan="8">总分：</td></tr>
</table>

为何使用

项目式学习中用于最终展示的视频和学生日常学习、生活中的视频是有区别的。首先，视频作为项目课程的成果展示方式，是以学习任务的形式贯穿在四个阶段八个模块中的。从立项组队阶段开始，学生就需要考虑自己的团队需要什么样的队友，或者团队成员怎样分工才能完成视频制作任务。同时，视频制作和驱动问题是“捆绑”在一起的，视频完成的质量决定了驱动问题被解决的程度；每个分解驱动问题都是围绕完成高质量的视频组织任务的；每个阶段的产品也是为最终产品——视频做铺垫和准备的。学生在计划筹备阶段，需要了解视频的观众是谁，怎样的内容能让这些观众理解视频想要传达的观点和思想，拍摄和制作视频需要使用什么工具、具备什么技能，哪里能学到这些知识。在项目实施阶段，他们要运用学到的视频结构组织、拍摄剪辑技巧，把拍摄的素材、收集到的资料有机地融入视频，去回答驱动问题和分解驱动问题。视频既是项目课程的最终成果，也是探究活动的载体。

其次，视频产品作为最终成果的展示方式，也肩负着考核学生学习目标是否达标的任务。除了学科课程标准的达成情况可以通过视频来体现，PBL 素养（如主动探究和实践能力、审美创造的能力等）的习得也可以通过视频完成的质量来考查。例如，在制作中国漆器的定格动画时，学生需要了解中国漆器的历史和现状，对定格动画的故事情节和呈现方式进行思考和实践，选择恰如其分的背景音乐，使用剪辑软件对动画片进行剪辑。这些任务的完成情况是教师判断学生 PBL 素养是否得以提升的直接证据。

同时，视频产品评价表可以考查学生在探究和实践中能否使用归纳、演绎等逻辑思考方法解决驱动问题，能否按照设定的项目进度计划，稳步开展项目活动，并定期总结工作、部署下一阶段的主要任务。在技术素养方面，评价表也可以考查学生能否学习和熟练使用视频拍摄设备和剪辑软件，恰当使用音频、文字、特效等技术手段，用科技工具把信息资料的精华和内核充分地表现出来。视频的制作还可以反映学生的审美创造能力，展现他们如何通过色彩、画面、内容组合等方面发挥想象力和突出个性，并在传达信息和思想的同时让观众感受到美。

何时使用

视频产品评价表适用于在项目成果展示阶段，教师、邀请嘉宾或同学可以使用这个评价表对学生的视频产品进行打分。教师可以在“项目启动、分解问题”“知识准备、能力准备”模块公布评价表，让学生参照开展探究活动。

如何使用

视频产品评价表有 5 个评价等级（非常符合到完全不符合），共 20 个条目，每个条目的满分是 5 分，五个考核项目的满分共 100 分。教师可以根据学生的具体表现在每个条目中给出相应的分数，总计最后得分。教师可以根据视频产品的类型和学生能力的考查重点，对这个评价表进行扩展和修改，使它更适合自己的项目课程。

通过评价表打分，学生可以清晰地看到每个条目的分数和每个考核项目的分数，方便他们改进自己较为欠缺的部分。教师也可以一目了然地看到学生哪里有问题，从而有针对性地进行讲解，或者通过启发式的问题让学生进一步思考。

工具38 演讲评价表

评价内容	评价标准					得分
	卓越（100分）	优秀（80分）	很好（60分）	一般（40分）	不够好（20分）	
演讲内容（50%）	内容详尽，逻辑清晰，有详细的数据或理论支持，令人信服。	内容详尽，逻辑清晰，有一定的数据或理论支持，有一定的说服力。	内容清楚，逻辑明确，缺乏数据或理论支持，说服力一般。	内容能理解，逻辑不够明确，缺乏数据或理论支持，缺乏说服力。	内容难理解，无逻辑关系，缺乏数据或理论支持，缺乏说服力。	
演讲风格（30%）	仪表得体，说话清晰，语速合理，手势自然，眼神交流得当。	仪表得体，说话清晰，语速偏快或慢，手势自然，有眼神交流。	仪表得体，说话清晰，语速偏快或慢，手势得当，缺乏眼神交流。	仪表得体，言语通顺，语速偏快或慢，缺乏肢体语言，缺乏眼神交流。	仪表欠佳，言语不通顺，语速不当，缺乏肢体语言，缺乏眼神交流。	
演讲材料（20%）	材料演示顺利，配色得当，字体大小合适，多媒体使用与内容完美契合。	材料演示顺利，配色得当，字体大小合适，多媒体使用和内容基本契合。	材料演示顺利，配色和字体有待提高，多媒体使用与内容基本契合。	材料演示顺利，配色和字体有待提高，多媒体使用方式不当。	材料演示不顺利，配色和字体欠佳，多媒体使用方式不当。	
					总分：	

为何使用

演讲可以展示很多种类型的项目成果，例如研究报告、活动、实验、观点、方案等。

通常我们会被演讲者的演讲吸引，如良好的听众互动、绝佳的口才，但是这并不是演讲的全部。一次成功的演讲，除了滔滔不绝的表达，更需要考虑是否达到了项目成果展示的预期效果。这就需要我们在策划演讲之前考虑三方面的要素——目标、受众和内容。

首先要考虑的是目标。演讲是沟通行为。沟通的目标决定了演讲的形式、内容、方式、风格。例如，“酥油花”项目的目标是宣传、推广酥油花这一种神奇的传统手工艺的制作方法和文化，因此演讲就要突出介绍工艺和文化。在“图书角改造方案”中，演讲的目标是为改造方案争取资金支持，则演讲的重点应落在图书角的新颖独特之处，以及改造的可行性。

其次要考虑演讲的受众。例如，“酥油花”项目中，演讲的受众除了国内的师生，还有国际友人，这样就需要对中国文化进行恰当的解读，让听众听得懂，感兴趣。而在“图书角改造方案”的演讲中，演讲者则需要知道观众的阅读喜好、教育背景等。

最后，清楚了目标，也做了受众分析，就需要开始策划演讲的内容。不同的场合面向不同的人群，演讲的内容和形式也要及时调整。“酥油花”项目的演讲，由于涉及语言和文化的差异，演讲的内容可以多放置图片、视频等直观素材。而“图书角改造方案”项目的演讲，除了需要唤起观众的直观感受，还需要让观众了解改造的必要性、花费、可行性，因此大量的调研数据不可或缺。

因此对一个演讲的评价需要从多个维度来考量，我们可以从演讲的内容、风格、材料这三个方面对演讲进行评价。演讲的内容方面，评价者需评价内容的逻辑性、合理性，看它是否能够触达受众的需求，达成演讲的目标。著名诗人玛雅·安吉洛（Maya Angelou）曾经说过，“人们可能会忘记你说过什么，做过什么，但人们永远不会忘记你带给他们的感受”。演讲的风格方面，评价者需评价演讲带给受众的感受如何。演讲的材料方面，评价者需评价演讲内容的呈现方式，看看演讲是否用了最合适的手段和技术呈现最合适的内容。

何时使用

演讲评价表在评价演讲时使用，通常用于评价在项目成果展示阶段的正式演讲，而不是讨论过程中的简单发言或是即兴演讲。

如何使用

这是一个权重型的评价表。评价者根据每个维度中的描述对演讲者的表现进行打分，再根据每个维度的权重来计算分值。例如，一个演讲的得分情况是：演讲内容得到 80 分，优秀水平；演讲风格得到 100 分，卓越水平；演讲材料得到 80 分，优秀水平。那么总分的计算方法就是：$80 \times 0.5+100 \times 0.3+80 \times 0.2=86$（分）（见表 2–34）。

表 2–34　演讲评价表示例评价标准

评价内容	评价标准					得分
	卓越（100 分）	优秀（80 分）	很好（60 分）	一般（40 分）	不够好（20 分）	
演讲内容（50%）	内容详尽，逻辑清晰，有详细的数据 / 理论支持，令人信服。	内容详尽，逻辑清晰，有一定的数据 / 理论支持，有一定的说服力。	内容清楚，逻辑明确，缺乏数据 / 理论支持，说服力一般。	内容能理解，逻辑不够明确，缺乏数据 / 理论支持，缺乏说服力。	内容难理解，无逻辑关系，缺乏数据 / 理论支持，缺乏说服力。	40
演讲风格（30%）	仪表得体，说话清晰，语速合理，手势自然，眼神交流得当。	仪表得体，说话清晰，语速偏快 / 慢，手势自然，有眼神交流。	仪表得体，说话清晰，语速偏快 / 慢，手势得当，缺乏眼神交流。	仪表得体，言语通顺，语速偏快 / 慢，缺乏肢体语言，缺乏眼神交流。	仪表欠佳，言语不通顺，语速不当，缺乏肢体语言，缺乏眼神交流。	30
演讲材料（20%）	材料演示顺利，配色得当，字体大小合适，多媒体使用与内容完美契合。	材料演示顺利，配色得当，字体大小合适，多媒体使用和内容基本契合。	材料演示顺利，配色和字体有待提高，多媒体使用与内容基本契合。	材料演示顺利，配色和字体有待提高，多媒体使用方式不当。	材料演示不顺利，配色和字体欠佳，多媒体使用方式不当。	16

总分：86

这样的评价不仅可以评出确定的分数，还可以分析得分和失分的情况，看看哪个维度做得较好，哪个维度需要改善。假如几位演讲者都得了86分，他们需要改善的方面也许并不相同。

工具 39 自我评价表

自我评价表	
我通过哪些方式为团队做出了哪些贡献?	
我遇到的三个问题是什么?	
我是如何解决这些问题的?	
如果再来一次，我会怎样做?	
在这次项目合作中，我最大的收获是什么?	
我对自己有哪些新发现?	
…………	

为何使用

自我评价是项目式学习评价体系中的重要组成部分，是学生进行自我诊断、自我调节、自我完善、自我成长的过程。学生对自己的学习经历进行评价和反思，是最好的成长机会。

首先，学生通过自评可以提升元认知能力。元认知是美国心理学家 J. H. 弗拉维尔（John Hurley Flavell）提出的概念，即对“认知”的认知。自评的过程就是一个元认知的过程。学生在项目式学习过程中，会通过多种认知活动来学习，包括感知、记忆、思维、想象等，自评环节可以帮助学生对这些认知活动进行再认知，以丰富自己对认知的认识和体验，并对自己的认知进行纠偏和调整。

其次，学生通过分析自评结果和他评结果，可以更加全面地认识自己。例如，有学生在自评中写道：“我认为我对团队最大的贡献是做了一个视频。”但是从团队互评中看到，有成员认为“这个项目最无意义的产品就是视频”。当教师遇到这样的情况时，应该引导学生积极对待并开展反思，思考这样的问题：“我是否明确了团队目标？是否积极和团队成员进行沟通？是否在团队合作中真正获得了成长？”

再次，学生通过自评可以培养成长型思维。在自评中，我们尽量不要使用定量指标，而应鼓励开放式的问题和描述；尽量不去评判结果，而要引导对过程的反思和复盘；尽量避免消极的评价，例如“……做得不好”“最失败的是……”等句式，而要开展积极的评价，例如“……会更好”“我的收获／成长是……”“……问题是如何解决的”等句式，引导学生积极面对挑战，将每一次困难都当作成长的机会。

何时使用

自我评价表通常在项目结束时使用，用于引导学生对项目进行整体性的反思和回顾。它也可以在一些关键环节或活动后使用，例如，在凉水井中学“新生体验营”课程中，学生就在团建游戏后的“游戏复盘”环节使用了自评表，如下表所示。

表 2–35　自我评价表示例

我最喜欢刚才的哪个游戏？为什么？	
我有什么样的感受和体验？	
我对自己在游戏过程中的什么部分特别满意？	
如果再做一次这个游戏，我会怎么做？	
我对自己有哪些新的发现？	

如何使用

开展自评前，教师需面向全体学生对自评表中的问题进行解读。“我遇到的三个问题是什么？”这里的问题是指什么样的问题？假设教师主要想让学生回忆的是做项目的过程中，遇到了哪些有待解决的问题，类似“挑战”或“困难”，那么就要让学生避免提出学术性问题。经过解读，确保学生充分理解自评表中的问题，没有歧义。

接下来，给学生提问和澄清的机会，如果对自评表中的问题还有困惑，可以提出来，教师统一解答。

到了自评的环节，教师需安排一个相对安静、完整的时间段，让学生去填写自评表。学生之间不要互相讨论、互相干扰。每个人安静地反思自己。

填写完成的自评表，学生可选择提交给老师，也可选择自己留存。只有学生的隐私被充分尊重，他们才能够有足够的安全感完成自评表。自评表的信息才更有意义。

工具 40 互相评价表

工具 40 式样

互相评价表	
在你的小组中，你希望给谁反馈?	
为什么选择他 / 她?	
你觉得他 / 她对团队最大的贡献是?	
他 / 她做了什么事让你印象深刻?	
你最想给他 / 她什么建议?	
…………	

为何使用

互相评价，可能发生在团队内部，也可能发生在团队之间。互相评价是对教师评价和自我评价的有效补充，有以下三点意义。

提供平等的视角

教师评价多是从教师视角对学生进行评价，教师虽然想让自己的评价尽量客观，但仍难免带有主观成分。教师对某个学生的固有印象、对某个结果的期待等都会影响判断。而在自评的环节，每个学生的元认知能力不同，自我认知的客观性也各不相同，因此他们往往很难客观、全面地评价真实存在的缺点或问题。而同伴之间的互评，则可以从一个相对平等的视角，去反馈教师视角所看不到的细节，去反映同伴的问题。

在评价中进步

在师评的环节，学生往往依赖教师的权威，不敢或根本没有想过去质疑评价的结果。而对于同伴之间的互评，学生则可以对评价的结果进一步开展讨论，从评价的结果中得到进步和改善，而不是被动接受一锤定音的判定。同时，学生在评价他人的过程中，也会更加深入地理解评价标准，从而深度学习和理解知识。

在评价中反思

评价他人，也是一个反思自己的过程。赞许他人、看到他人进步的空间，就像在照一面镜子，从中看到自己的优缺点，进而提升自我。

何时使用

“互相评价表”通常在项目结束时使用，引导学生对项目进行整体性的反思和回顾。“互相评价表”也可以在一些关键环节或活动后使用，例如，在凉水井中学“新生体验营”课程中，学生在团建游戏后的“游戏复盘”环节也使用了互相评价表。

如何使用

与自评环节一样，开展互评前教师也需面向全体学生解读互相评价表中的问题，避免歧义；如果使用的是打分型的评价量规，也需要对评价量规的指标和打分方式进行说明。

同时，为了所有学生都能积极参与互评，教师需要设计和安排互评的机制。互评通常有团队内部评价和团队之间评价两种。

团队内部的评价，是指学生对自己所在团队的成员进行评价。作为团队中并肩作战的“战友”，团队成员在经历了一个完整的项目历程后，对彼此会有比较深入的了解，因此可以进行更加细致、微观的反馈，例如，“他身上有哪些特质”“他做了什么让你觉得……”等。那评价机制如何设置呢？教师可以有多种处理方式，例如教师可以请学生两两组队，互相评价;可以给同学编上号码，按照号码顺序进行评价，1 号评价 2 号，2 号评价 3 号……；也可以让学生选择一个同伴进行评价。这样做的好处是，学生既然选择这个对象，一定有话想说，评价的质量会比较高，缺点在于可能会出现有的学生被多个人选择，而有的学生没有被评价的现象。教师可根据教学场景的需求，选择合适的配对方式。

团队之间的评价，是指学生对其他团队进行评价。由于学生并不清楚其他团队在项目过程中的实施细则，因此团队之间的评价通常是评价团队的作品，而非个人表现。例如，在“图书角改造方案”项目中，每个团队在成果展示环节都派代表介绍自己团队的作品，其他学生作为听众。每人手中都有一份评价量规，来评价其他团队的作品和表现。这样的评价是在给团队打分，而不是给个人打分。

设计好评价机制后，教师需要引导良好的评价行为。如果使用打分型量规，教师可约定在评价过程中应参考评价标准，依据标准进行评价，而不是肆意打分。如果使用回答问题式的评价表，则应引导学生使用规范用语。评价用语应该是礼貌的、合理的、建设性的，而不是攻击的、指责的、抱怨的。

评价结束后，教师可请同学之间交换评价意见，并可根据同伴的反馈进一步展开讨论，营造一个平等的、坦诚的、彼此信任的评价文化。最好不要采取“匿名评价”“背对背打分”这样的方式。如果在一开始，学生并不喜欢互评的方式，不好意思提问题，只说好话，也是非常正常的。这说明当下的文化对学生来说还不够安全，学生之间还没有建立足够的信任。随着多次项目式学习的开展，氛围会越来越好。课堂上学生们真挚地提出建议，被评价的同伴又可以坦诚接受并改善自己，是特别令人欣喜和感动的画面。

反思工具

工具 41 项目反思方案

反思主体	反思时机	反思维度
☐ 教师反思 　☐ 教师自我反思 　☐ 教师团队反思 　☐ 教师团体反思 ☐ 学生反思 　☐ 学生自我反思 　☐ 学生同伴反思 ☐ 全员反思	☐ 实时反思 ☐ 里程碑反思 ☐ 全局反思	☐ 目标达成 ☐ 教学 / 学习过程 ☐ 项目实施 ☐ 项目管理 ☐ 项目整体

工具 41 式样

为何使用

反思（reflection），在西方哲学概念中指的是不同于直接认识的间接认识。反思或反省是人对自身活动的感知和体验，也是学习的一种方式。反思是重新认识和思考已经发生或完成的事情，从中获取经验和总结，是自我完善、自我提升的过程。

项目式学习的周期长、环节多，所以项目式学习的反思活动需要系统设计才能起到最佳效果。从反思主体来看，教师和学生都需要开展反思活动。对于教师来说，反思可以促进教师以下几个方面的职业成长。

跳出项目看项目

当我们身为项目组成员时，难免被项目的进程、时间表、限定条件推着向前走，为了在预定期限完成预期目标而缺乏系统性思考，在埋头赶路中忘记了抬头看路。当处于里程碑事件或是项目结束的节点，我们可以跳出项目组成员这个身份，让自己放松下来，从外部视角来审视项目的过程，这时可以看到不一样的自己。

在反思中深入理解教学理论

在项目实践的过程中，我们经常处于“行动引领”的状态，即所有的想法都需要行动来实现，所有的问题都需要行动来解决，“每日清单”上的所有事项都需要行动来完成。我们每天都在忙忙碌碌中度过，由行动主宰着每日的生活，几乎没有时间停下来思考。反思环节强迫我们停下来，进入“思考引领”的状态。教师需要使用所学理论去思考和解释自己的行为，并提出改善方案。这样，理论就有了“用武之地”，教师得以在反思中深度理解教学理论，从而实现从“经验型”教师向“研究型”教师的转变。

成为更优秀的项目式学习实践者

项目式学习是一个迭代升级、螺旋上升的过程，项目式学习教师也需要逐渐成长。我们不期望教师第一次开展项目式学习就做到面面俱到，而期待教师能勇于迈出第一步，在不断的反思中提升自己。从关注项目成果到关注项目过程，从关注项目框架到关注每一个细节，从关注自己的教学到关注学生的成长，这可能是大多数教师都会经历的过程。而这个过程，就是在一次又一次的反思中发生的。

对于学生来讲，反思的意义更为重要。《义务教育课程方案（2022年版）》提到：“倡导评价促进学习的理念，注重提高学生自我评价、自我反思的能力，引导学生合理运用评价结果改进学习。”这段话出现在“改进教育评价”的章节，由此可见，国家课程方案将自我反思的能力作为一种评价方式，而评价是为了改进学习。

学生可以通过反思对问题进行合理归因，增强自驱力，促进自主学习。

通过反思进行合理归因

当我们处于一个情境或是真实任务中，往往不能理性地思考，导致归因错误。例如，较之传统课堂，学生在项目式学习课堂上产生了强互动的关系。如果学生缺乏合作学习的经验，项目式学习活动就不会一帆风顺，学生之间的争执、矛盾就会常常发生。当这样的冲突发生时，当事人往往处于不算冷静的状态，教师在繁忙的教学工作中处理得也会比较匆忙。在反思环节，教师可以让大家暂时摆脱项目进度的追赶，冷静、理性地复盘，问题到底出在哪里。其实问题的出现，往往并不在于人本身，而是流程、资源、支架的设置不合理。教师可以和学生一起开展反思活动，找到问题的真正原因，避免问题再次出现。

通过反思开展自我评价，增强自我驱动力

反思是自我复盘和思考的过程，当学生可以自主发现自己的问题时，学习的效果就会比屈于外界压力所取得的效果要好得多。教师和家长苦口婆心无法达到的教育效果，通过自我反思会取得奇效。自己的觉醒和发现是一种强大的驱动力。

通过反思发现更多的问题，促进自主学习

反思的过程是一种拓展性思考的过程，学生通过对过去成功经验的回顾，会生发出更多更有趣的想法，对过去失败经验的总结也会激发他们产生“再来一次会怎么样”的冲动。这是一个自我调控、自我激励的过程，可以为学生的自主学习打好基础。

从反思时机来看，项目结束时并非需要开展反思活动的唯一时机。每一个项目里程碑事件结束时，教师都可以组织反思。同时，实时发生的反思活动可以贯穿项目始终。

从反思维度看，我们可以从项目的目标达成、教学 / 学习过程、项目实施、项目管理以及项目整体五个方面提出反思问题。

因此，教师需要在项目开始之前，制定一个详细的反思方案，以便合理安排反思及其他教学活动。

何时使用

教师需要在计划筹备阶段制定项目的反思方案。反思活动则应该是贯穿始终的。

如何使用

教师可使用本工具式样的表格，对需要安排的反思活动进行勾选。

第一，确定反思主体。

- **教师自我反思**

  教师应养成自我反思的习惯，在完成阶段性工作或遇到问题时，积极开展自我反思。可以给自己设定几个常规反思问题，例如“我最满意的是……”“我最不满意的是……”“我是否可以这样”。

- **教师团队反思**

  项目组的教师在一起反思，讨论在项目中遇到的问题、可以改善的空间，共同商讨更佳解决方案。教师可以通过组织项目定期会议来进行团队反思，例如每日反思会议、里程碑会议等。

- **教师团体反思**

  不同项目组的教师在一起反思，可以看到很多共性问题，看到其他团队是如何解决的，从而互相借鉴，共同进步。

- **学生自我反思**

  教师可为学生安排属于自己的反思时间，通过引导性问题，让学生在安静、不被打扰的环境中，对自己的经验或表现开展反思活动。学生自我反思的内容通常是个人的问题和表现。

- **学生同伴反思**

  教师可以组织学生和同伴一起开展反思，方便学生从不同的视角进行思考和讨论。反思的内容通常是团队的问题和表现。

第二，确定反思时机。

实时反思

项目中难免遇到预期之外的问题和挑战，当遇到难题时，教师可以引导团队先停下手头工作，来反思如何更好地克服困难。实时反思很难纳入计划，但是教师需要具备实时反思的意识。

里程碑反思

在项目的里程碑节点，师生可以组织定期工作会议开展反思活动。通过里程碑事件的完成情况，师生可以一起判断项目进展是否顺利，项目计划是否需要调整。

全局反思

项目结束时，师生可以对项目进行整体复盘和总结。师生可以拿出最初设计的项目计划书，对照后续的项目执行，分析项目的目标达成情况，在这个过程中进行了哪些调整，为什么这样调整。也可以通过调查问卷收集教师和学生对本次项目活动的反馈、体验和评价，以此作为全局反思的依据。

教师也可以组织学生开展“鱼缸式讨论”，请一组人坐在教室中间围成一圈开展反思活动，其他学生坐在外圈围观（见图 2–52）。围观过程中不能打断内圈学生的讨论，但是可以通过递纸条的方式反馈意见。

图 2–52　鱼缸讨论法

第三，确定反思维度（见图 2–53）和各维度的反思问题。

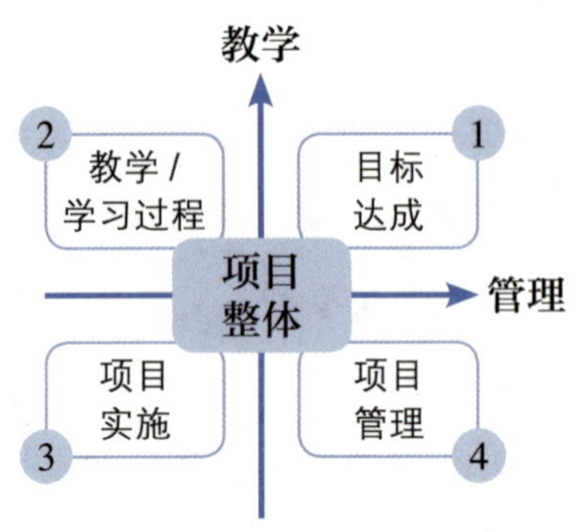

图 2-53　反思维度

常见反思问题，见表 2–36 和表 2–37。

表 2–36　常见教师反思问题

反思维度	问题
目标达成	项目目标是否达成？ 知识目标是否达到？ 哪些知识学习得不够深入？ 还可以拓展哪些知识？
教学过程	教学过程是否还需要优化？ 哪些环节的支架搭建还可以更好？ 哪些教师指导的环节还可以做得更好？
项目实施	学生是否有足够的时间参与项目？ 项目中有哪些资源可以优化？ 哪些项目管理细节可以优化？ 项目产出是否符合期望？
项目管理	项目是否延期或做出了重大调整？ 你对项目中的团队管理是否满意？ 管理中遇到了哪些问题，是如何解决的？ 还应该做哪些更有利于项目管理的工作？
项目整体	你是否很享受这次项目过程？ 以后再做项目你有哪些建议和改进策略？

表 2–37　常见学生反思问题

反思维度	问题
目标达成	你学到了哪些知识？ 你的哪些能力得到了提升？（如口头表达、写作、批判性思维等） 你给自己设定了哪些能力提升的目标？是否完成了？
学习过程	你是否有足够的时间开展探究学习？ 你觉得本次项目中的学习内容难度是否合适？ 你和团队成员的合作是否愉快？为什么？ 你是否很有动力去完成项目中的学习活动？
项目实施	你遇到了哪些困难或问题？ 你和你的团队是如何解决的？ 你觉得团队的合作是否高效？ 你和团队的演讲是否成功？为什么？
项目管理	你的项目是否延期或提前完成？ 这次项目中的团队分工是否合理？ 你学到了哪些项目管理的技能？
项目整体	你是否享受这次项目过程？ 以后再做项目你有哪些建议和改进策略？

经过前面的三个步骤，教师便可以制定一个完整的反思方案。例如，在“故宫十二时辰”项目中，教师和学生用五天完成了项目，每天都是一个里程碑。反思方案见表 2–38（具体反思问题略）。

表 2–38　项目反思方案

反思活动	反思主体	反思时机	反思维度
1	□ 教师团队反思 □ 学生自我反思	□ 里程碑反思 时间：第一天结束后	□ 教学 / 学习过程 □ 项目实施
2	□ 教师团队反思 □ 学生自我反思	□ 里程碑反思 时间：第二天结束后	□ 教学 / 学习过程 □ 项目实施
3	□ 教师团体反思 □ 学生同伴反思	□ 里程碑反思 时间：第三天结束后	□ 目标达成 □ 项目管理
4	□ 教师团队反思 □ 学生同伴反思	□ 里程碑反思 时间：第四天结束后	□ 教学 / 学习过程 □ 项目实施
5	□ 全员反思	□ 全局反思 时间：第五天结束后	□ 目标达成 □ 项目整体

工具 42 “冰火两重天”

为何使用

在反思过程中，我们需要给予反思者一些思考的方向。在大量的项目实践中我们发现，没有完美的项目体验，人们会经历高潮迭起的成功，也会经历令人沮丧的低谷。精彩的瞬间令人鼓舞，是继续开展项目式学习的强心针；沮丧的时刻也非常宝贵，为反思者提供改善的方向。就像冰与火的碰撞，两种极端的项目体验经常会带给人们有价值的思考。所以我们开发了一个反思“精彩瞬间”和“沮丧时刻”的工具，并将这个工具命名为“冰火两重天”。

从 ORID 焦点讨论法（工具 6）的焦点问题层级来看，“冰火两重天”给了人们说出感受（第二层级反应性层面）的机会，接下来需要引导反思者向诠释性层面（第三层级）来思考，解释和反思为什么会出现这样的感受？进而走向决定性层面（第四层级）的思考，有什么更佳的解决方案吗？在这样逐层深入的思考中，项目的细节不断完善，反思者不断实现自我提升。

何时使用

“冰火两重天”反思工具，通常用于项目结束后的全局反思。

如何使用

“冰火两重天”可以用于教师反思，或是学生反思，也可以用于教师和学生都参与的全员反思。开展过程是类似的，可参考如下流程。

1. 首先准备两个白板或是大白纸，大小以全体参与成员能够看清楚为佳。一个白板写上“精彩瞬间”，另一个白板写上“沮丧时刻”。
2. 为每一位成员分发两张便利贴，留出5—10分钟的时间，请大家写出自己的“精彩瞬间”和“沮丧时刻”。
3. 教师可组织大家轮流上前，将自己的便利贴贴在相应的区域。
4. 教师可调整便利贴的位置，将反思内容进行分类和整理。
5. 挑选有代表性的反思内容，请反思者来分享他们的体验和思考。教师抛出引导性问题，例如“为什么会这样呢？”“能详细讲讲吗？”“再来一次你会怎么做？”……引导反思者在“诠释性层面”和“决定性层面”上思考。

图 2–54 是温州市第二实验小学的教师在进行反思活动。

图 2–54　反思活动（来自温州市第二实验小学）

工具 43 SKS反思模型

工具43式样

停止做 Stop doing	继续做 Keep doing	开始做 Start to do

为何使用

反思非常重要，但是如何做才能有效地反思，生成更具可行性的改善方案呢？反思的过程也是“不破不立”的过程，首先要打破对自我认知的局限性，对自己曾经的做法或表现进行客观评价，在理性思考后形成改善方案。我们可以使用 SKS 反思工具来引导反思的过程。

SKS 的反思模型是由美国杨百翰大学心理学教授菲尔·丹尼尔斯（Phil Daniels）设计的。停止做、继续做、开始做三个看似简单的问题，其实代表了三个不同的心理过程。

第一是看到缺憾，问题聚焦在“我应该停止做什么”。没有绝对完美的项目，我们需要：正视项目过程中发生的遗憾和错误，对这些现象进行合理的分析和归因，排除不可控因素，例如天气、疾病等突发情况；找到可控因素，例如个体的忽视、计划不足等；以及不可控因素中的可控因素，例如是否对天气、疾病等原因制定了预案。还需要找到影响项目的行为要素，例如没有详细计划、没有制定预案、团队之间相互指责等，这些就是我们应该停止做的事情。

第二是看到长处，问题聚焦在“我要继续做什么”。对于项目中表现优异的、亮眼的、高效的行为进行总结和鼓励。这些行为往往能体现出个体的优势，例如善于做计划、善于协调矛盾、能够进行有效沟通、总能在截止日期前完成工作等。

第三是找到改进方案，问题聚焦在“我要开始做什么”。基于前面两方面的反思，找到能够让个体和团队更加完美的方案。例如为关键岗位安排合适的人选、加强知识储备环节的资料准备、用鼓励或赞扬的方式进行沟通等。

何时使用

SKS反思工具一般可用于项目结束后的全局反思活动中。它适用于个体的自我反思，也适用于团队成员之间的互相反馈。

如何使用

在使用 SKS 反思工具开展反思活动前，教师应确保我们的班级或团队文化足以支撑这样的活动。成员之间需要彼此信任，在一个“令人放心”的氛围中开始反思。“令人放心”来自大家认可的观念，即真诚的反思是为了改善，而不是找到“替罪羊”，这需要教师的引导和提前沟通；“令人放心”来自平等的沟通，学生不依赖教师或成人的权威反馈，而看重同伴之间的坦诚交流和互相鼓励；“令人放心”还来自期待改进的内心力量，个体期待通过自我及他人的反馈做得更好，团队能够体会到反馈的意义。

接下来，先从第一个“S”（Stop doing 的缩写）开始，思考“我应该停止做什么”。在关注到具体行为之前，教师可引导学生先去发现项目进程中存在的问题。例如，在一次课堂观察中教师发现，一位学生在学校信息技术教室中使用笔记本电脑制作演示文稿，制作太过投入，没有发现电脑没有接电源，直到电池耗尽自动关机。由于信息技术教室的电脑是自动恢复初始设置的电脑，这位学生两个多小时的工作一下子被清零。焦急、后悔、泪水都是难免的，重做一次也是必要的。更重要的是教师应在复盘时引导学生冷静看待这个问题，今后用电脑时一定关注电量，尽量不在不插电的情况下使用。这样学生就学会了反思。这个环节也能让学生跟“犯错”的自己和解，接受不完美的项目经历。教师可以安排分享环节去讨论每个人“要停止做的事”，让团队成员都能有所收获。

然后，思考“K”（Keep doing 的缩写），即“我要继续做什么”。反思时可引导学生从自身的感受出发，例如找到“我最享受的时刻”“我最有成就感的时刻”“我认为最有价值感的事”等。从感受再过渡到具体的行为，例如帮助其他同学解决了问题、通过反复的演算解出了数学难题、失败了很多次的实验最终成功等。学生看到这样的行为被看见、被肯定、被支持，就会继续发扬这些做得好的方面，越来越享受项目式学习的过程。

最后，思考第二个“S”（Start to do 的缩写），即“我要开始做什么”。教师可以从两方面入手，一方面可以引导学生根据第一个“S”中找到的缺憾，思考改进方案，自我成长。例如，如果学生碰到了我们在反思第一个“S”时提到的电脑关机问题，学生就可以在第二个“S”处写上“用笔记本电脑时保持插电状态，并及时保存文件”。另一方面，也可以提醒学生从同伴的“K”中获得进步的灵感，思考自己是否也可以试试那些让别人达到“闪光时刻”或“心痛状态”的事情。例如，看到他人经过了 10 次实验才成功，进而反思自己为什么在第 8 次放弃了，下次如果再坚持一下，或许就会收获惊喜。

SKS 的环节做完后，最好能够安排分享会，让大家分享交流各自的反思，从同伴的成功与失败中获取力量。表 2–39 为一个学生反思的示例。

表 2–39 学生反思示例

停止做 Stop doing	继续做 Keep doing	开始做 Start to do
• 指责他人。 • 轻言放弃。 • 遇到困难的时候被情绪左右。	• 和团队一起解决问题。 • 在班级讨论中积极发言，敢于表达自己的想法。 • 不断打磨项目产品，精益求精。	• 遇到困难时，去寻求帮助。 • 做好时间管理。 • 做好情绪管理。

五、项目管理工具详解

工具 44 项目时间轴

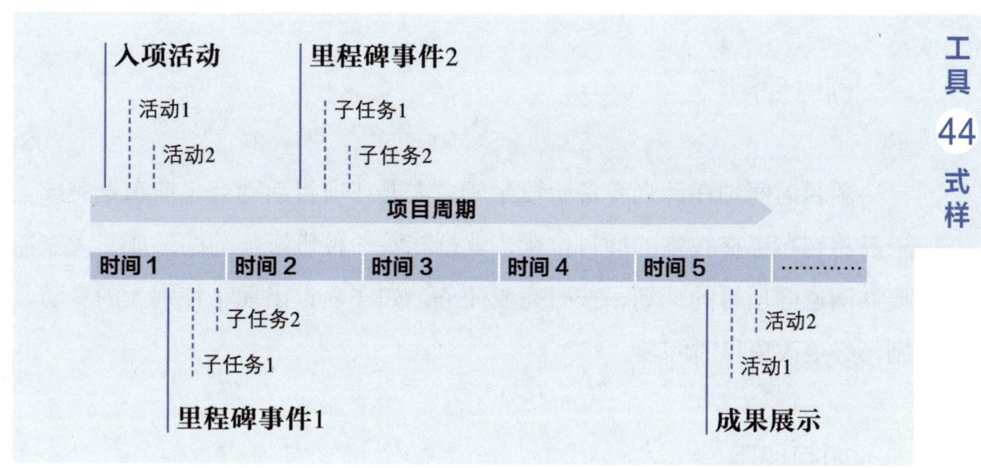

为何使用

项目式学习的过程包含从立项组队到复盘结项的八个模块，为了帮助团队成员一目了然地看到项目所处的阶段，我们需要一个项目时间轴来作为一个项目的路线图。

项目时间轴包含三方面的要素。第一是时间，通常用横轴来表示，并需要确定时间节点的单位，是按周、按日，还是按课时来安排；第二是里程碑事件，通常用竖线、小旗帜、路标等标志来切入横向的时间轴，用来表示每一个里程碑事件的开始和截止时间；第三是主要任务和活动，位于里程碑事件开始和截止日期之间。

项目时间轴就好像我们攀登高峰时的一张地图，可以显示山顶终点的位置、登山路线、主要站点，也可以显示山上的大本营和途中的补给站。项目时间轴除了在内容上要体现三大要素外，还可以在形式上增加设计感，让学生在设计时融入项目的主题、团队的创意。设计好之后，需要将它布置在教室或者学习空间最醒目的位置（例如项目墙上），让所有团队成员随时可以看到，清楚项目成果展示的时间、关键节点的时间、当下所处的位置以及项目进度等。项目时间轴的制作也是课堂文化建设的重要组成部分。

何时使用

项目时间轴在计划筹备阶段生成，需要在项目启动会之前布置完成。一旦将它布置在教室的醒目位置，就意味着一种班级契约的形成，大家需要共同遵守项目的计划，按时完成任务。如非项目出现了特别大的变动，则不必更改项目时间轴。

如何使用

在设计项目时间轴时，第一步要确定时间横轴的计时单位。如式样中所示，在一次研学项目中，研学活动一共五天，每天都是整日的项目课程和活动，因此以日为单位的时间轴就非常清晰。学校经常会组织时间跨度较长，例如跨越两个月甚至整个学期的项目，此时教师就可以使用以周为单位的时间轴。若是基于学科中某个大单元的小型项目，可能只需要4—5次课就可以完成，而上课时间并不是连续的，可能每天一节课，或者是每周一节课，此时教师就可以使用以课时为单位的时间轴。

第二步，根据工作计划表（工具10）中的时间规划，将里程碑事件和重要的子任务标示在时间轴上。如果内容过多，可用关键词来表示。

第三步，将重要任务所涉及的重要资源标注在时间轴上，例如，在

“碳中和”项目中，有的课需要数学老师上，有的课需要科学老师上，有的课需要外部专家来上，这样就需要将各位老师的名字标示在相应的位置。

第四步，请学生对时间轴进行设计、装饰，并由他们自己布置在教室里。这样的学生参与，可以让他们更加重视自己制订的时间计划。例如，在长沙市岳麓区实验小学的“碳中和”项目中，教师将时间轴布置在了教室的后黑板上，如图 2–55 所示。

图 2–55　**项目时间轴**（来自长沙市岳麓区实验小学）

工具45 式样

工具 45 “要事第一”原则

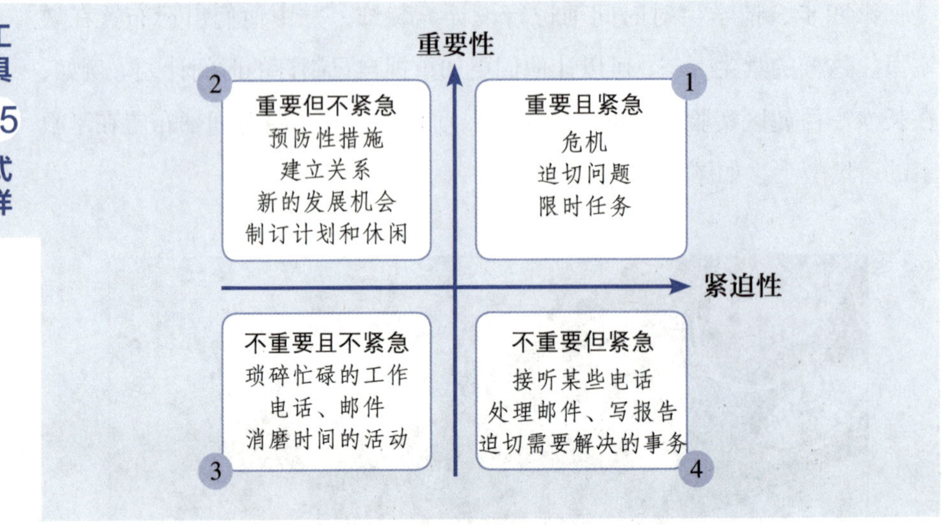

为何使用

无论是否开展项目式学习，时间管理都是每个人的必修课。时间对每个人都是公平的，都是一天 24 小时，一年 365 天。但是为什么有的人在一年中可以做很多事情，出很多成果，而有的人则浑浑噩噩地度过一年又一年？有的人看起来悠然自得，却总是可以按时完成工作，而有的人看起来忙忙碌碌，却总是无法按期交付成果？这就是时间管理的魔力。缺乏时间管理能力的人，总是被“截止日期”追着跑，压力山大；时间管理能力强的人则可以成为时间的主人，闲庭信步。

管理时间，本质上是管理事件。我们只要把每天的时间分配给要做的事件，就会列出一份“待完成清单”，形成一份行动方案。但是，仅仅这样的分配还是不够的，我们还需要让这种分配更合理。如何合理地分配时间呢？就要用到“要事第一”的原则。“要事第一”的原则是由美国著名管理学大师史蒂芬·柯维（Stephen R. Covey）在著作《高效能人士的七个习惯》中提出，它将我们平时要处理的事情按照“重要性”和“紧急性”

分为四个象限。

第一象限是“重要且紧急”，指的是非常重要，又需要立刻去处理的事件，例如快到截止日期的事件、突发的危机等。

第二象限是“重要但不紧急”，指的是非常重要，但不需要立刻处理的事件，例如制订项目计划、与合作伙伴建立关系、开展战略规划、做出危机预案等。

第三象限是“不重要且不紧急”，指的是对我们完成的目标来说既不重要也不紧急的事件，例如刷短视频、看娱乐节目、查看与项目无关的信息或邮件等。

第四象限是“不重要但紧急”，指的是对完成目标来说并不重要，却必须立刻去处理的事件，例如接听电话、完成快到截止日期的报告、收发快递等。

有了这样的象限划分，我们可以先对自己每天的时间分配做一个简单的分析，看看我们把多少时间用于不重要的事，把多少时间用于重要的事，花了多少时间“救火”，又花了多少时间在做真正有意义的事。史蒂芬·柯维提出，高效能人士应该花很少的时间用于第三和第四象限，因为这些都是不重要的事，花少部分在第一象限去处理重要且紧急的事，花大部分时间在第二象限去处理重要但不紧急的事。第二象限的事件处理得越好，进入第一象限的事件就会越来越少，我们也会越来越从容。

何时使用

“要事第一”的原则应该贯穿在我们生活的方方面面，成为一种每天都会使用的思考习惯。

如何使用

做到“要事第一”的前提，是先理清有哪些事要做。在项目式学习的实施过程中，教师可先对接下来要开展的项目进行详细规划，把大项目拆分成不同的里程碑，把里程碑再拆分成不同的子任务，制成“工作计划表”（工具 10）。从“工作计划表”中我们可以看到，在这个项目中，我们有若干项工作或是任务需要完成，它们都可以称为“事件”。这个环节可以带着学生一起来完成，将拆分后的事件写在小纸条上，汇成一个“事件池”。

接下来可以开展“要事第一”的讨论。由于事件的重要性和紧急性是动态变化的，因此可以在每个项目里程碑事件结束后的定期工作会上开展讨论。

然后将事件进行标签化处理，为每个事件制作两个标签——截止日期和重要性（按非常重要、重要、不重要三个等级进行划分）。例如，在“改善社区”项目中，我们可以使用下表做事件分析。

表 2–40 “改善社区”项目事件池

序号	事件	截止日期标签	重要性标签（非常重要—1，重要—2，不重要—3）
1	设计社区调查任务单	1 天后	1
2	打印任务单	1 天后	4
3	前往社区进行调查	3 天后	2
4	帮同学买水	3 天后	3
5	设计访谈提纲	5 天后	2
6	对社区居民进行访谈	7 天后	2
7	给被访谈对象准备礼物	7 天后	3

在上面的事件分析中，我们把事件序号填入“要事第一”矩阵，会得到图 2–56。如果调查任务临近，而调查任务单还没有做好，那么它就是“重要且紧急”的事件，所以把序号 1 填入第 1 象限。3、5、6 虽不是

当下要发生的，但是属于项目关键事件，因此属于我们最应该关注的“重要但不紧急”事件。如果前期没有安排任务单的打印，那么到了活动当天，2 就会成为“不重要但紧急”的事件。为什么说不重要呢？如果没有打印，不复杂的表格也可以用手画，不会对项目产生很大的影响，只不过手绘单不如打印的效果好罢了。4、7 在当下看起来好像是不重要且不紧急，不办也不会影响项目进度，但是如果执行当天还没有办，可能就会变成不重要但紧急的事情。所以，我们要把大部分时间花在第二象限，也要将第三象限的事件列入计划，以免它们发展成为让人措手不及的第四象限事件。

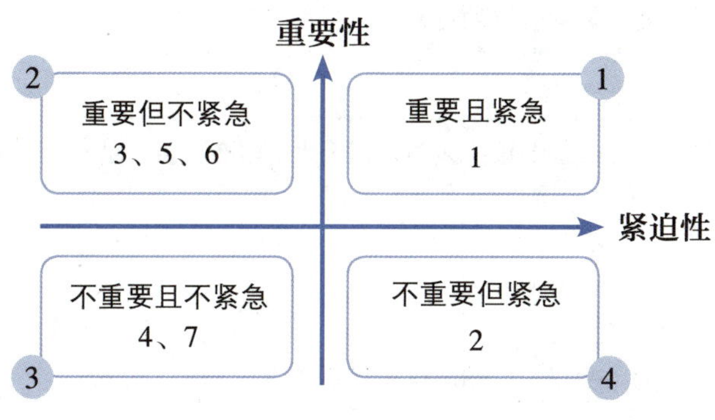

图 2–56 “改善社区”项目“要事第一”矩阵

工具46 会议纪要

会议纪要			
一、基本信息			
会议名称		召集人	
会议日期		开始时间	
会议地点		持续时间	
记录人		审核人	
二、会议目标（简要说明会议的目标，包括期望达到的结果）			
三、参加人员（列出参加会议的人员，以及他 / 她在项目中的头衔或角色）			
四、发放材料（列出会议讨论的所有项目资料）			
五、发言记录（记录发言人的观点、意见和建议）			
六、会议决议（说明会议结论）			
七、会议纪要发放范围			

为何使用

很多职场新人承担的第一份工作，就是做会议纪要。但是在走出校园之前，大部分学生并没有接触过这样的工作，记录信息不全或是理解出现偏差是常常发生的。其实，做会议纪要听起来简单，要想做好并不容易。会议纪要是项目管理中的重要工具，记录着每一次团队会议的参会人员、关键议题、达成的决议等，这就要求记录者仔细倾听，提取出关键信息，并及时记录下来。

一份完整的会议纪要需要包括以下几个部分。第一是会议的基本信息，包括会议的主题（例如团队例会或针对某个事件的讨论会）、会议时间、参会人员等。第二是会议中使用的材料，包括电子演示的材料、发放的纸质材料等，代表着会议讨论的内容和依据。第三是讨论记录，包括发言人及其所持观点、建议、疑惑，听众的反馈、讨论等，这个部分切记不要依赖录音，而是需要专注倾听，快速捕捉观点，提取关键词，并快速记录。第四是会议的结果，包括团队是否达成了一致、达成一致的观点和决议是什么、哪些没有达成一致、解决方案又是什么。

每一次团队会议都需要有会议纪要，每一份会议纪要都代表了团队的智慧，展示了项目的进展，是宝贵的过程性资料。无论是谁在记录会议纪要，会议结束后，都需要发送给相关人员，可能是参加会议的每一个人，也可能是没有参加会议的利益相关者。

何时使用

项目管理通常需要召开两类会议。一类是团队定期开展的例行会议，例如每周一次或是每个里程碑结束时等重要的时间节点召开的会议；一类是非定期会议，即在一些重要的事件、意料之外的事件、无法调和的矛盾冲突发生时，随时需要组织讨论的团队会议。每一次会议都需要指定一个人来做会议纪要，确保不漏掉重要信息。

如何使用

教师可以按照以下步骤使用会议纪要这一工具。

第一步，确定记录员。教师在组织学生开会前，首先需要确定谁来做会议纪要。这个人可以是固定的人，例如团队中可以设定“记录员”的角色，每次开会都由记录员来记录；也可以是不同的人，由团队成员轮流来记录。在教学中我们更推崇第二种方式，以便每一位学生都能够得到锻炼的机会的机会。

第二步，设计会议纪要模板。每个项目最好有一份通用的会议纪要模板，教师可以使用式样中的模板，也可以根据自己的项目需求来设计。此步骤和第一步可同步进行，或改变次序。

第三步，培训记录员。有了模板，就需要在开会之前，对记录员进行简单的培训，确保这位学生了解会议纪要模板的组成部分，对需要填写的信息理解正确，并教会学生捕捉关键词、记录关键词的方法。

第四步，请记录员进行记录。教师正常组织团队会议，将记录的工作交给学生。当学生习惯了这样的沟通方式时，他们也会将这个方法应用在没有教师参与的学生团队讨论中。

第五步，审核会议纪要。审核的过程，不仅有助于学生修改和完善会议纪要，更是记录员成长的契机。就像语文老师批改作文一样，发现记录中的问题，并提出改善方案。例如，记录员往往迫切想记下某位成员发言的全部文字，却错过了其他成员的重要发言。针对这种情况，教师可引导记录员学会识别关键信息、捕捉关键信息的方法，那么该学生下次记录时可以更好地做记录。

第六步，发送会议纪要。教师与记录员一起确定会议纪要的发送对象，并在会议结束后尽快发送给所有需要接受这份会议纪要的人。

工具 47 甘特图

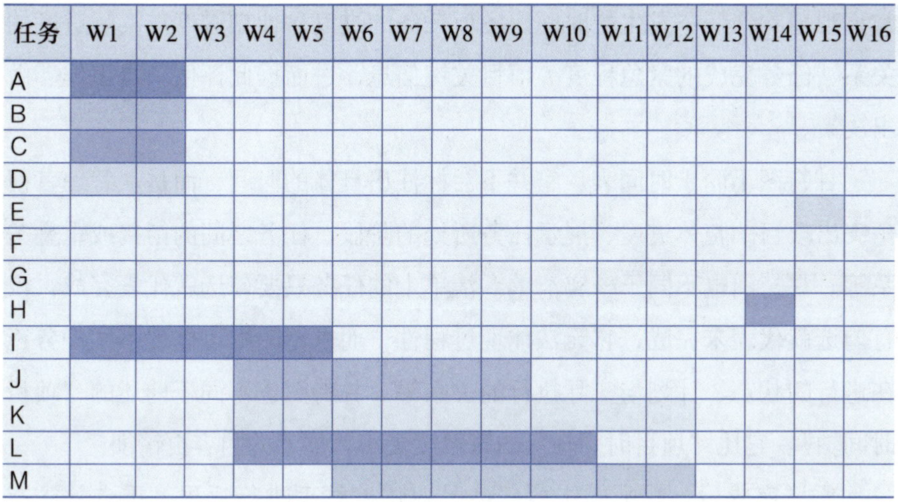

任务	W1	W2	W3	W4	W5	W6	W7	W8	W9	W10	W11	W12	W13	W14	W15	W16
A																
B																
C																
D																
E																
F																
G																
H																
I																
J																
K																
L																
M																

为何使用

在项目式学习中，进度管理是教师的重要工作。在项目的前、中、后三个阶段，主要任务、工作重点和使用工具各不相同。

项目开始前，教师的主要任务是合理规划项目，确定里程碑事件和关键事件的时间节点，重点关注项目的时间线，设置关键任务和预期的阶段性成果。教师主要使用的工具是工作计划表（工具 10）和项目时间轴（工具 44）。

项目实施中，教师的主要任务是及时监控项目的进程，做出必要的调整，并对项目进行记录和复盘，重点关注任务和活动是否按时完成、衔接和重叠关系如何、是否记录和收集了过程性资料、是否通过有效的评价进行了项目优化等。这时教师可以重点使用甘特图进行进度管理，也可以同时使用项目日历、事件清单工具来辅助进度管理。

甘特图（Gantt chart）又称横道图、条状图，是以提出者亨利・劳伦斯・甘特（Henry Laurence Gantt）的名字命名的。它以图示的方式展示了任务、进度与时间之间的关系，最早用来管理生产进度。

甘特图用条状图形代表任务的起点和终点。项目管理者可以从图中非常直观地看到任务发生的时间、各项任务的进度、计划进度与实际进度的关系、任务完成的紧急程度等项目关键信息，进而据此评估项目工作、做出决策。

甘特图不同于时间表。它并不会标注出具体的时间，而是从管理者视角突出项目的整体进度、展示任务所处的阶段、任务之间的衔接或重叠关系等。甘特图也不同于核实清单。清单上的任务只要勾选就代表完成，没有勾选就代表未完成，它无法体现过程性，而甘特图则可体现不同任务正在进行的状态、计划与实际执行的关系等。甘特图也不同于前述的“项目时间轴”。它比“项目时间轴”的颗粒度更小，展示的内容更精细。

项目完成后，教师的主要任务是对进度管理进行反思，重点关注有延期或是调整的事件，以此积累项目管理的经验，用来指导后续项目的执行。在这一阶段，教师可以使用引导性的反思问题来开展反思活动（见表 2–41）。

表 2–41　进度管理表

	项目开始前	项目实施中	项目完成后
主要任务	确定里程碑 确定时间点	监控项目进程 调整项目进程 及时记录和复盘	反思
重点关注	时间线 关键任务和活动 阶段性成果和最终成果	按时完成 前后衔接 成果捕获 评价贯穿	任务的延期和调整
工具	工作计划表 项目日历	甘特图 事件清单 项目时间轴	反思问题

何时使用

进程管理贯穿项目始终。甘特图适用于项目开始前的项目规划阶段，以及项目过程中进行监控和调整之时。

如何使用

甘特图的制作并不复杂，当我们有了详细的工作计划表（工具 10）后，甘特图自然就可以生成，只是换了一种图形化的表达，让读者更加直观地、快速地获取信息。绘制步骤可以分为以下几步。

1. 各团队分头完成工作计划表，做好清晰的时间和任务规划。
2. 各团队使用表格绘制工具，根据工作计划表中的时间线绘制横向表头，确定时间间隔。各团队可以根据项目周期的不同选择小时、日、周、月等单位。
3. 各团队可以根据工作计划表中的子任务，确定纵向的任务列，可根据需要注明各子任务与主任务的层级关系及其他必要信息。
4. 各团队可以用不同颜色代表不同类型的任务，例如，计划中的任务用红色、已完成的任务用绿色，已变更的任务用蓝色等。每一项子任务对应的时间区间应填充上不同的颜色。
5. 请团队之间交叉检查。

例如，西安欧亚学院为大一新生设计的项目式学习“新生体验营”课程，覆盖了八个分院六千余名学生。对于这样的超大型项目，详尽的项目计划和进程管理非常关键，任何一个环节的疏漏都可能带来执行的混乱。课程负责人邢江姹老师使用甘特图进行进度管理，项目的关键环节、课程内容、时间进度、完成情况、负责人等信息都一目了然（见图 2–57）。

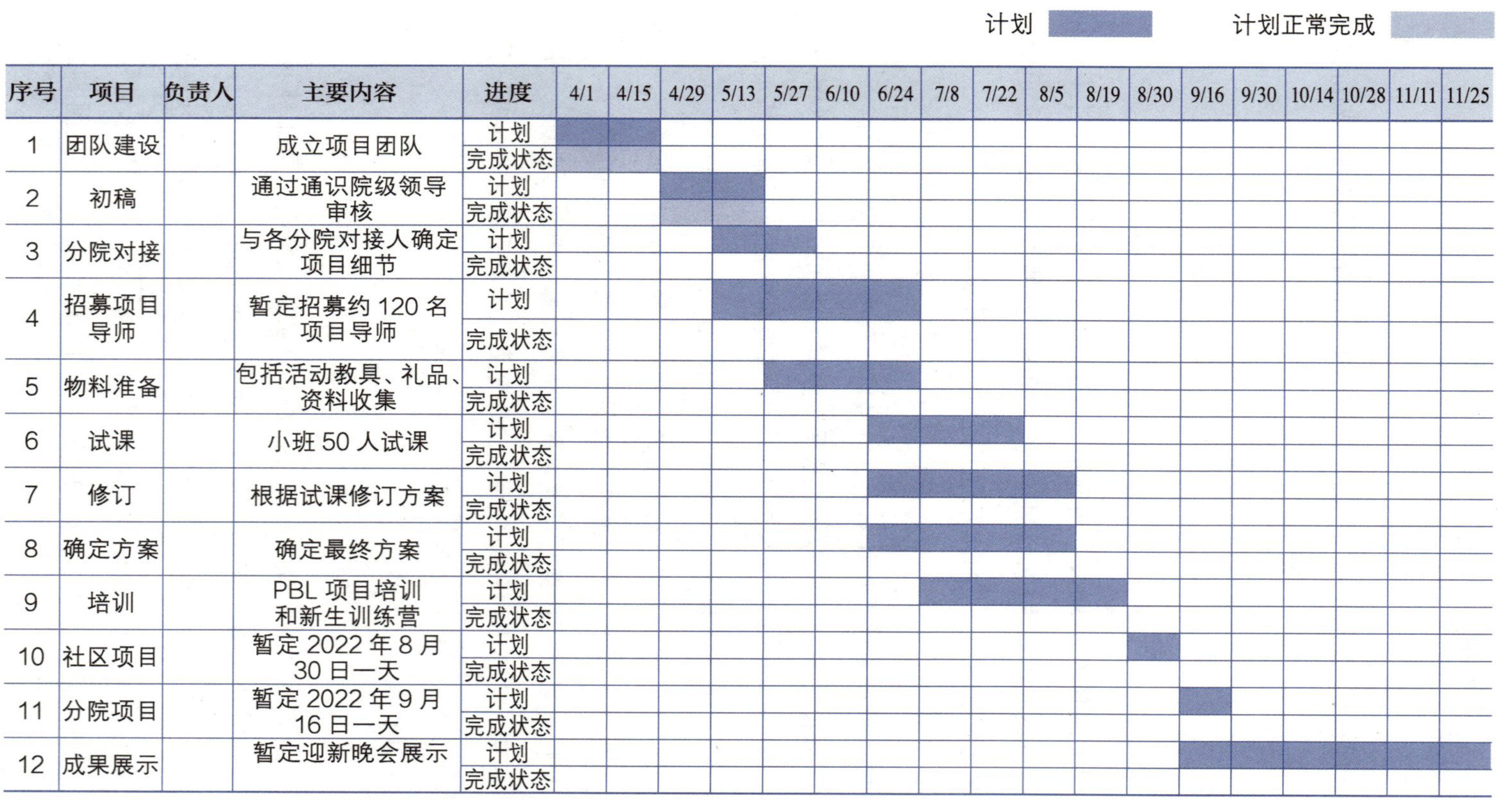

计划　　计划正常完成

序号	项目	负责人	主要内容	进度	4/1	4/15	4/29	5/13	5/27	6/10	6/24	7/8	7/22	8/5	8/19	8/30	9/16	9/30	10/14	10/28	11/11	11/25
1	团队建设		成立项目团队	计划																		
				完成状态																		
2	初稿		通过通识院级领导审核	计划																		
				完成状态																		
3	分院对接		与各分院对接人确定项目细节	计划																		
				完成状态																		
4	招募项目导师		暂定招募约 120 名项目导师	计划																		
				完成状态																		
5	物料准备		包括活动教具、礼品、资料收集	计划																		
				完成状态																		
6	试课		小班 50 人试课	计划																		
				完成状态																		
7	修订		根据试课修订方案	计划																		
				完成状态																		
8	确定方案		确定最终方案	计划																		
				完成状态																		
9	培训		PBL 项目培训和新生训练营	计划																		
				完成状态																		
10	社区项目		暂定 2022 年 8 月 30 日一天	计划																		
				完成状态																		
11	分院项目		暂定 2022 年 9 月 16 日一天	计划																		
				完成状态																		
12	成果展示		暂定迎新晚会展示	计划																		
				完成状态																		

图 2–57　2022 年西安欧亚学院“新生体验营”项目甘特图

工具 48 团队合作观察单

在团队合作中，观察小组活动	活动组员	大部分组员	一部分组员	少量组员	不适用
当任务启动时，小组成员：					
就团队目标达成一致	□	□	□	□	□
每个人都清楚自己的团队职责	□	□	□	□	□
能够快速开始工作	□	□	□	□	□
可以友好沟通	□	□	□	□	□
彼此尊重	□	□	□	□	□
讨论项目工作时，小组成员：					
每个人都有发言的机会	□	□	□	□	□
即使没有被采纳，每个人的建议都受到他人的尊重	□	□	□	□	□
团队可以做出合理的决策	□	□	□	□	□
团队讨论的关键信息被记录下来	□	□	□	□	□

为何使用

团队管理既是对人的管理也是对文化的管理。人的管理包括根据团队成员的意愿或是优劣势分配团队角色、明确工作职责，预判、应对成员变化带来的后果，评价和激励团队成员等。文化的管理包括树立共同目标，建立合理的沟通机制、奖惩机制，营造良好的合作氛围等。这些内容在小组角色设定表（工具 4）、工作计划表（工具 10）、积极反馈表（工具 15）、小组公约（工具 16）均有涉及。本节重点关注对团队合作质量的评估和管理。

团队合作的质量是项目成功的关键，却是教师经常忽视的内容。在项目式学习中，我们常常会看到学生聚在一起，或讨论，或商议，或解决问题。但是由于班额大、小组多等特点，我们经常无法深入到学生们的讨论中，认真去倾听他们的讨论内容。学生是否都在“说正事儿”？是否有人一言堂？是否有学生被边缘或被孤立？遇到问题时是否分工合作？当我们总是疲于处理学生的“告状”时，就会忽视学生真实的合作。其实，当我们花一些时间去观察团队合作的细节、提高团队合作质量时，我们会发现学生的“告状”变得越来越少。

而团队合作质量又很难通过外在的产出来衡量，即使某个团队最终作品非常优秀，也不代表他们的团队合作是高质量的。项目式学习中的项目不同于真实世界的项目，团队合作质量应该关注到每一位团队成员的高质量参与和成长。因此，我们可以从以下四个观察点入手。

他们如何交换意见

在团队讨论过程中，观察是否每一个人都有表达的机会。例如，在小组成员轮流发言后，他们的观点是如何被评价和接纳的？是否大家都在倾听？优秀的发言是否被采纳？质量不高的发言是否被鼓励？

他们如何达成一致

在团队出现意见不统一时，观察他们是如何达成一致的。是由某些权威人士来决定，还是通过充分的讨论和评判来决定？持不同意见的双方是否相互尊重？达成的小组决议是否都能够遵守？

他们如何解决问题、做出决策

当团队遇到问题或挑战时，观察他们是如何共渡难关的。是目标一致、互相帮助，还是彼此指责，互相拆台？决策方式是否理性、公平，是否追求了团队利益最大化而不是个人利益最大化？是否尊重团队意见？

他们如何发挥各自特长

团队最大的意义就在于，团队成员可各自发挥特长，取长补短，共同完成项目目标。教师需要观察：他们是否对团队角色和分工有充分的理解？是否都充分发挥了自己的特长，尽己所能？每个人是否都有所成长？

基于这几个方面，教师可参考式样中的模板，根据项目进程中团队合作内容的需要，来设计团队合作观察单。

何时使用

教师需要在项目正式开始前就设计好团队合作观察单，并在项目实施中的团队合作环节进行观察和记录。

如何使用

教师在设计团队合作观察单时，首先需要确定以上四个观察点中，我们重点需要观察的内容，并将这些内容细化为行为表现。例如，“他们如何交换意见”可以具体到“是否每个人都有发言机会”“别人发言时，学生是否认真倾听”“当讨论出现混乱时，是否有人维持秩序”等，以此列出一系列可观测的行为清单。

教师可以把这些行为清单按照可能发生的时间进行分类，例如讨论刚开始时、讨论进行中、团队做决策时等。

通过观察，教师可对行为进行评估，看看是所有成员都可以做到，还是几乎没人可以做到。例如关于倾听，当有人发言的时候，是其他所有成员都在认真倾听，还是有人在窃窃私语，抑或是他的发言根本没有人在听？如果没有人在听，那么是发言人的问题，还是其他人的问题？教师还需要甄别和引导。这些细节对提升团队合作的质量非常重要。

如果教师需要其他观察员来一起做团队观察，则需要对观察员进行简单的培训，确保观察员清楚哪些是重点的观察点，能够正确理解行为清单的描述，对打分的等级和标准也有统一的认识。这样才能保证所有人的观察结果是可信赖、可参照的。

每一次观察结束后，教师需和观察员一起复盘，汇总发现的问题并得出解决方案。例如，教师如果在观察中发现小组对某些问题的讨论无法深入，就需要反思这样的问题设置是否合理，讨论时机是否恰当，学生是否需要更多的支架。除了发现教学设计的问题，教师还需要在观察中找到学生中存在的问题，例如安排不合理的团队成员角色、合作意愿较低的学生、被边缘化的学生等，并根据遇到的不同问题对学生进行有效的引导和安排。

工具 49 托马斯—基尔曼冲突决策模型

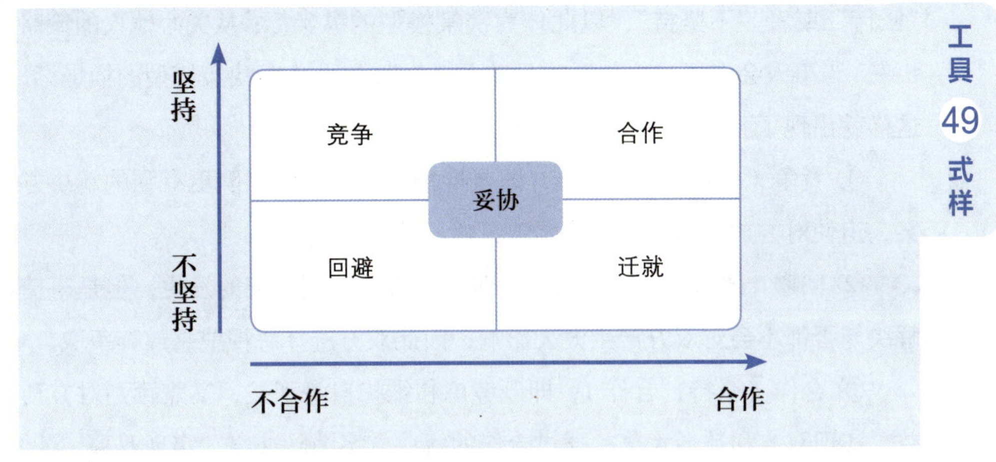

为何使用

即使我们不喜欢“冲突”这个词，但是冲突每天都在发生。在一次教师培训中，我们请教师分享自己遇到过的冲突，竟然没有人愿意分享，因为大家都觉得“冲突”就是“吵架”“对抗”，不好意思分享，其实不然。冲突有多种来源，冲突的表现形式也各不相同，大致可以分为：时间冲突，例如会议时间发生了重叠，需要调整；资源冲突，例如两个小组都需要借走拍摄用的设备，两个项目都在争夺某项预算等；观点冲突，例如小组讨论时出现了不同的观点，需要做出决策；利益冲突，例如兼顾了某个小组的需求，其他小组的利益就会受损等。从这个角度来认识冲突，就会发现冲突无处不在，能够有效地处理冲突是项目管理中的重要能力。妥善解决每一个小冲突，就不会产生更大的冲突，项目就处于可控的范围之内。

美国的行为科学家肯尼斯·托马斯（Kenneth Thomas）和他的同事拉尔夫·基尔曼（Ralphs Kilmann）在 2003 年提出了冲突管理和决策的五种方式——竞争、回避、合作、迁就和妥协。托马斯和基尔曼认为，当冲突发生时，当事人将从两方面的策略来进行思考和决策，一个是关心自我的策略，一个是关心他人的策略。从关心自我的策略出发，当事人会选择“坚持”或者“不坚持”，以此作为决策模型的纵坐标；从关心他人的策略出发，当事人会选择“合作”或是“不合作”，以此作为决策模型的横坐标。这样就出现了五种决策方式。

① 竞争（坚持，不合作），即坚持争取对自我或团队更有利的解决方案，迫使对方放弃争取，也称强迫策略。

② 回避（不坚持，不合作），即双方都意识到冲突的发生，但是事情解决与否都不会对双方产生太大影响，因此双方选择忽视或是放弃争取。

③ 合作（坚持，合作），即既考虑和维护自身利益，又兼顾到对方利益，实现双方利益最大化，通过合作的解决方案消除冲突，实现双赢。

④ 迁就（不坚持，合作），即做出自我牺牲，满足对方需求。

⑤ 妥协（位于中间，找到平衡），即双方都将坚持部分需求，也将让出部分利益，达到一个中间的平衡点，冲突得到暂时缓解，但有可能后续还会发生。

冲突决策工具可以为教师和学生提供一个冲突决策的支架，帮助我们在面对冲突时不被情绪左右，而能理性思考，既可以有条不紊地处理冲突，又可以用成长型思维来正面冲突，让每一次冲突的处理都成为自己成长的机会。

何时使用

当一个冲突或是棘手事件发生时，托马斯—基尔曼冲突决策模型既可以作为一个自我反思的工具，指导个体在头脑中迅速做出决策，又可以作为一个团队讨论的工具，引导团队把冲突摆在桌面上，进行利弊分析，共研共创问题的解决方案。

如何使用

五种冲突管理和决策方式看起来很清晰，但真正做出决定却并不容易。我们可以从以下两个方面进一步理解如何做出决策。

第一，结合“要事第一”的原则，根据需求进行决策。

例如，学校只有一间实验室，当已经预约好的教师带领学生进入实验室时，发现另一个团队正在使用，这时一个资源冲突就出现了。此时教师可根据实验室使用的重要和紧急程度做出决策。假如教师要带领学生完成实验，实验的结果会成为下一节课的重要依据，这就是一个“重要且紧急”的需求，但是对于对方来说，实验数据可以下周再用，那么使用实验室就属于“重要但不紧急”的需求。基于这种分析，教师可选择“竞争”策略，坚持要求使用这间教室的权利。如果对方也是必须今天拿到实验数据，需求同样“重要且紧急”，教师则可采用“合作”策略，排队开展实验。

假如这个实验很重要，但是可以下周再做，这就是一个“重要但不紧急”的需求，而对对方来说是“重要且紧急”的需求，那么教师可以选择“迁就”策略，让对方先用。如果对方的需求都是“重要但不紧急”的，教师可选择“妥协”策略，各退一步，协商解决。

假如这个实验不重要，但是学生如果不进实验室就没有更适合的地方去，这就属于“不重要但紧急”。若对方可以换地方，则选择“竞争”，若对方不能换地方，则自己找地方，选择“迁就”。

假如这个实验不重要，教师可以另选地方开展教学活动，则属于“不重要且不紧急”，选择“回避”就好，权当没发生。

选择的过程如下图所示。

第二，分析决策为自己及对方带来的结果。

结果可分为“好”“不好不坏”“不好”。例如，在一次调查研究中，团队原定去 A 地考察，但有人想改变计划去 B 地考察，这时一个观点冲突就出现了。

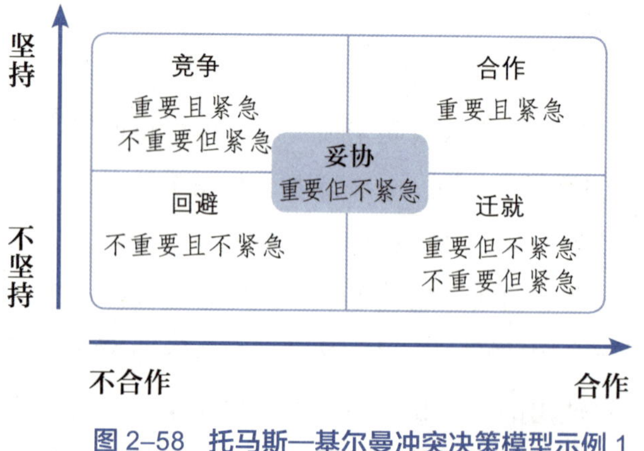

图 2–58 托马斯—基尔曼冲突决策模型示例 1

团队需要思考的是，改变计划比原计划结果更好吗？如果明显更好，则可选择“迁就”策略，改为 B 地。如果不好不坏，则可根据双方意愿进行选择：如果 B 方案人员没有说服 A 方案人员，则选择“坚持”，维持 A 地计划；若 B 方案人员意愿不强，只是随便说说，则可以选择“回避”，假装没发生；若 B 方案人员意愿比较强，而 A 方案人员也比较坚持，则可以选择“妥协”，部分人去 A 地，部分人去 B 地；若 B 方案人员意愿比较强，且说服了 A 方案人员，可以选择“合作”，既去 A 地也去 B 地。如果去 B 地有很多弊端，结果不好，则应选择“竞争”策略，坚持原计划。这一过程如图 2–59 所示。

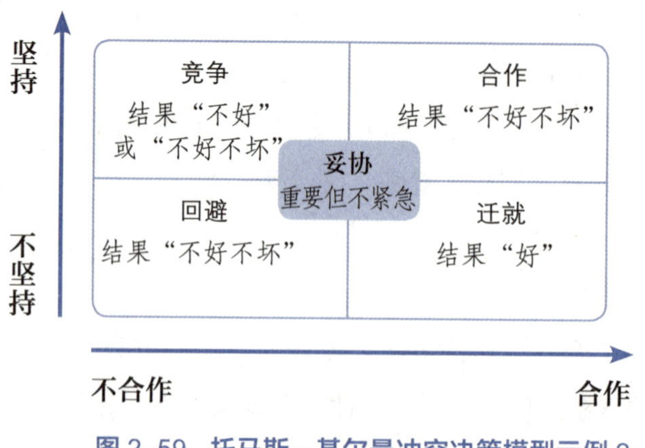

图 2–59 托马斯—基尔曼冲突决策模型示例 2

工具 50 一页纸项目管理

工具 50 式样

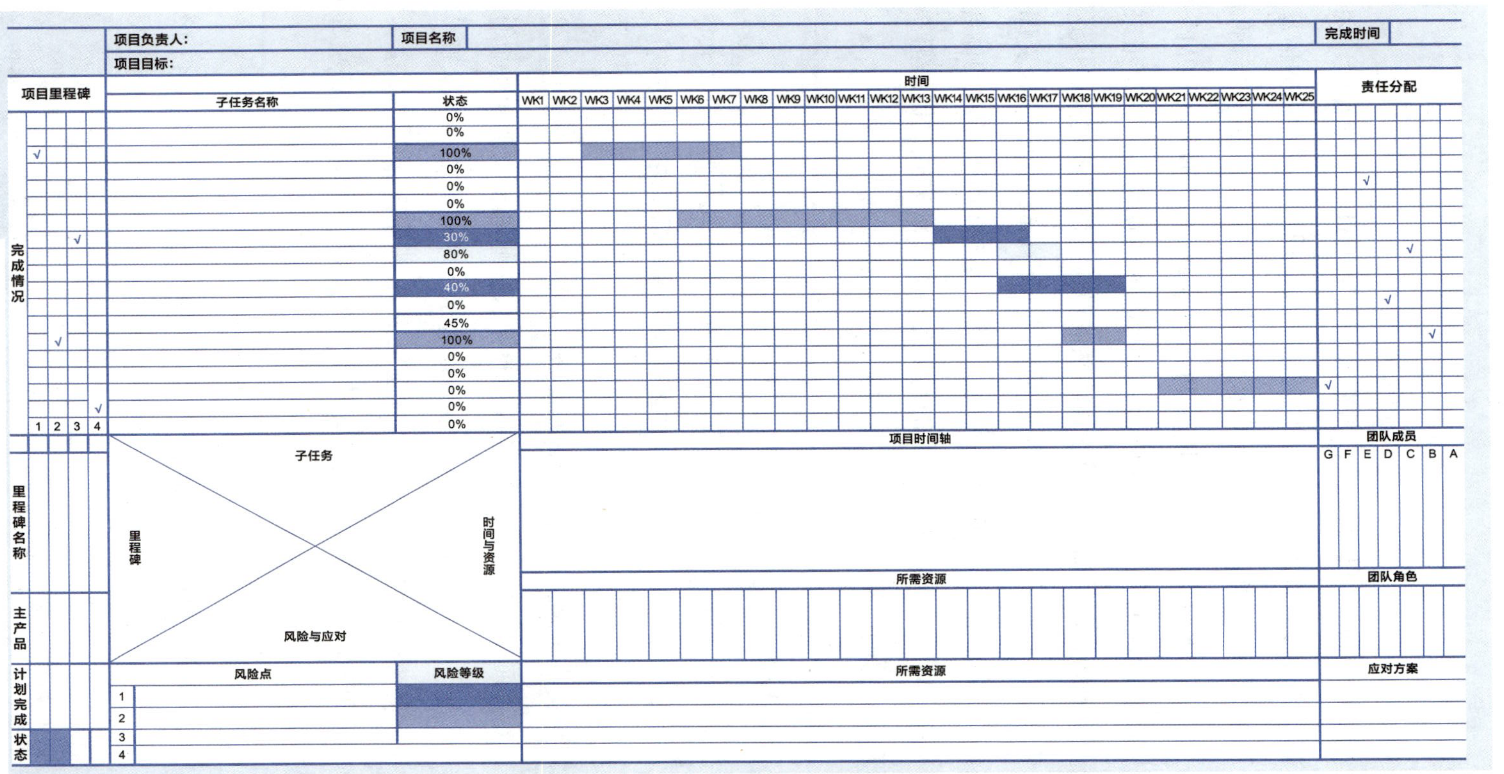

为何使用

教师作为“项目经理”，需要兼顾时间管理、进度管理、团队管理、冲突管理等方方面面的内容。如何帮助教师把这些碎片化的信息集中到一个工具上呢？那就需要一个可以从全局俯瞰的工具，进行项目的总览。

一页纸项目管理（One Page Project Manager，简称 OPPM）是项目管理中非常经典的工具[①]。OPPM 从项目经理的视角，用一页纸来展现项目的关键要素，以达成项目经理与团队成员之间的有效沟通，以达到高效项目管理的目标。英文中有个短语是“on the same page”，含义即为“达成共识”。通过一页纸来进行项目管理正是“达成共识”的生动体现。

OPPM 工具可以根据项目的需求有多种表现方式，但是都需要包括以下五个方面的要素。

目标

在 OPPM 的表头中通常会清晰地写明项目目标。目标就像项目的灯塔一样，指引项目经理和团队成员时刻记得要去的方向。

任务

在第三章，我们讲过对项目的核心驱动问题进行分解，形成分解驱动问题并以此作为项目的里程碑，这些里程碑被称为项目的“主任务”。“主任务”只是粗线条地展示了项目的框架，要形成详细的计划还需要进一步拆解，将主任务分解为更细的“子任务”，因此，OPPM 应该展示到项目的“子任务”这一层级，这样项目的总体和细节规划都一目了然。

时间线

OPPM 可以将项目时间轴（工具 44）与甘特图（工具 47）结合起来，

① 坎贝尔，坎贝尔. 新版一页纸项目管理[M]. 王磊，胡丽英，译，北京：东方出版社，2018.

共同展示项目的时间安排，帮助项目经理做好时间管理。

> 负责人

基于教师对学生团队成员的角色分配，我们需要在 OPPM 上展示每一项工作或任务的负责人，并注明他们的本职工作和第二角色。

> 资源

通过 OPPM 来展示项目的资源情况是非常必要的，包括项目的时间、人员、所需物品、预算、成本等。

将这五个要素的内容合理安排在表格相应的位置模块，并通过单元格之间的关联来展示要素之间的关系，是教师应该认真去规划的。这样做可以让阅读者快速、准确地找到想要查看的信息，并在项目进行中动态更新，且同步给项目团队的每一个人。

何时使用

在做好项目计划之后、项目正式开始之前，教师需要一份完整的 OPPM。教师可以将这个表格保存在最易获得的电子文档中，以便项目调整时修改。注意保留项目过程中的不同版本，以便后续复盘使用。

如何使用

我们先来了解一些 OPPM 的内容组成（见图 2–60）。

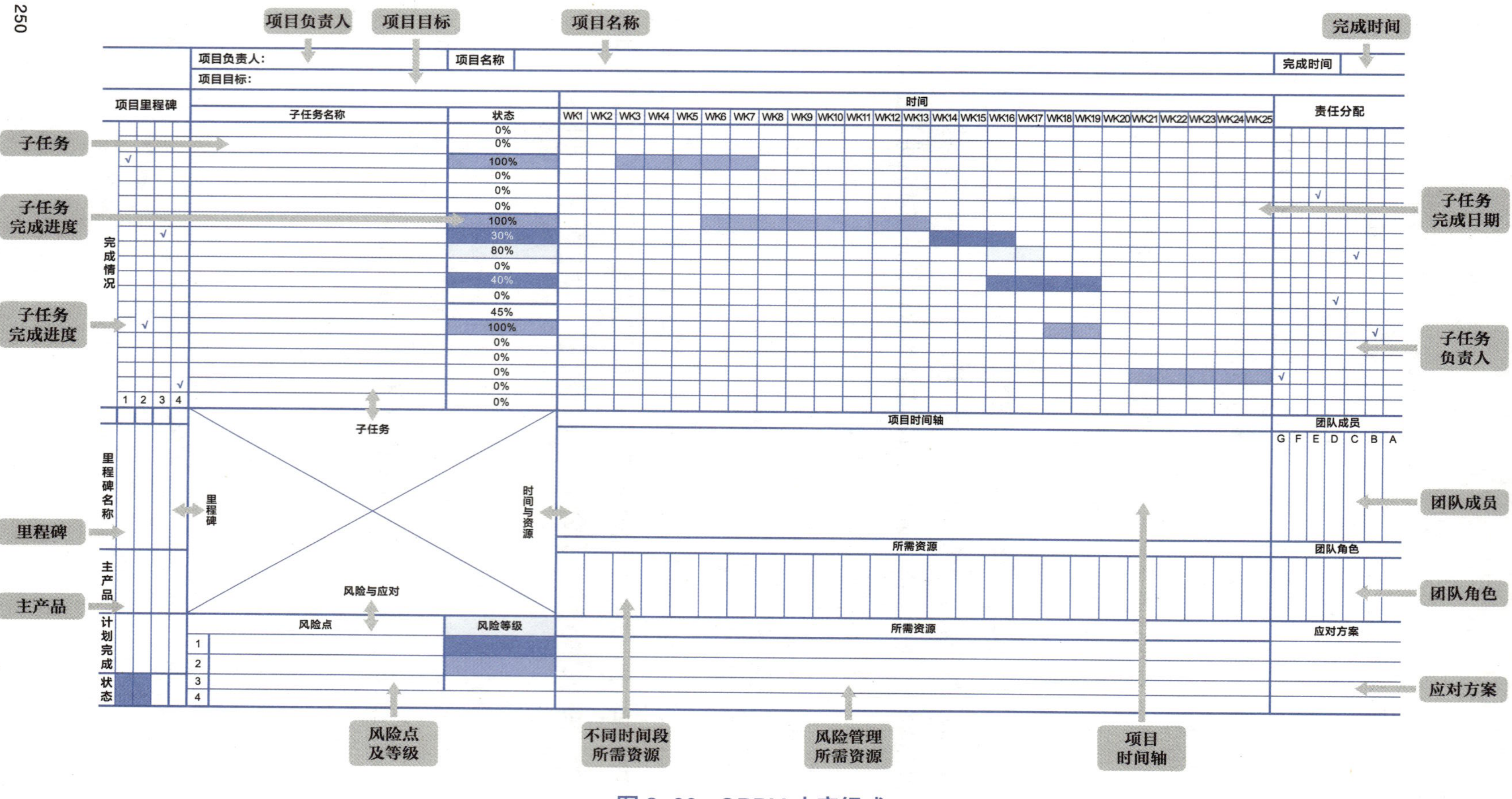

图 2–60　OPPM 内容组成

表头部分是项目的一些基本信息，包括项目的负责人（项目经理）、项目名称、项目目标以及预期完成的时间。中间的网格将表单分为四个区域。区域 1 是里程碑，包括里程碑（主任务）、主产品以及主任务的完成情况。区域 2 是子任务，并设定了状态跟踪栏，跟踪每一项子任务的执行情况。区域 3 是时间与资源，这里可以放置一个项目时间轴，列出每个阶段所需资源，并说明团队成员的组成及每个人的指责。区域 4 是风险与应对，这里需填入预期的风险点、风险等级、解决风险所需要的资源以及应对方案。

我们可以通过以下九个步骤逐步完善 OPPM（见图 2–61）。

第一步，完成表头部分的项目关键信息。

第二步，根据前期完成的“问题—任务—产品对应表”（工具 8），完成里程碑和项目时间轴（工具 44）等相关信息。

第三步，根据小组角色设定表（工具 4），填写团队成员和相应的角色。

第四步，根据工作计划表（工具 10），完成子任务的划分。

第五步，根据工作计划表，勾选每一项子任务的负责人。

第六步，根据工作计划表，填写不同阶段所需的项目资源。

第七步，预测可能出现的风险点及风险等级。第一步到第七步，均需在项目正式开始之前完成。

第八步，根据项目进展情况，及时更新子任务的完成进度、完成情况，并汇总到主任务的完成情况。

第九步，根据项目进展情况，及时更新风险管理相关信息，包括风险管理所需资源、应对方案等。

在项目进行的过程中，师生可以对表单中的信息进行实时的更新和调整。

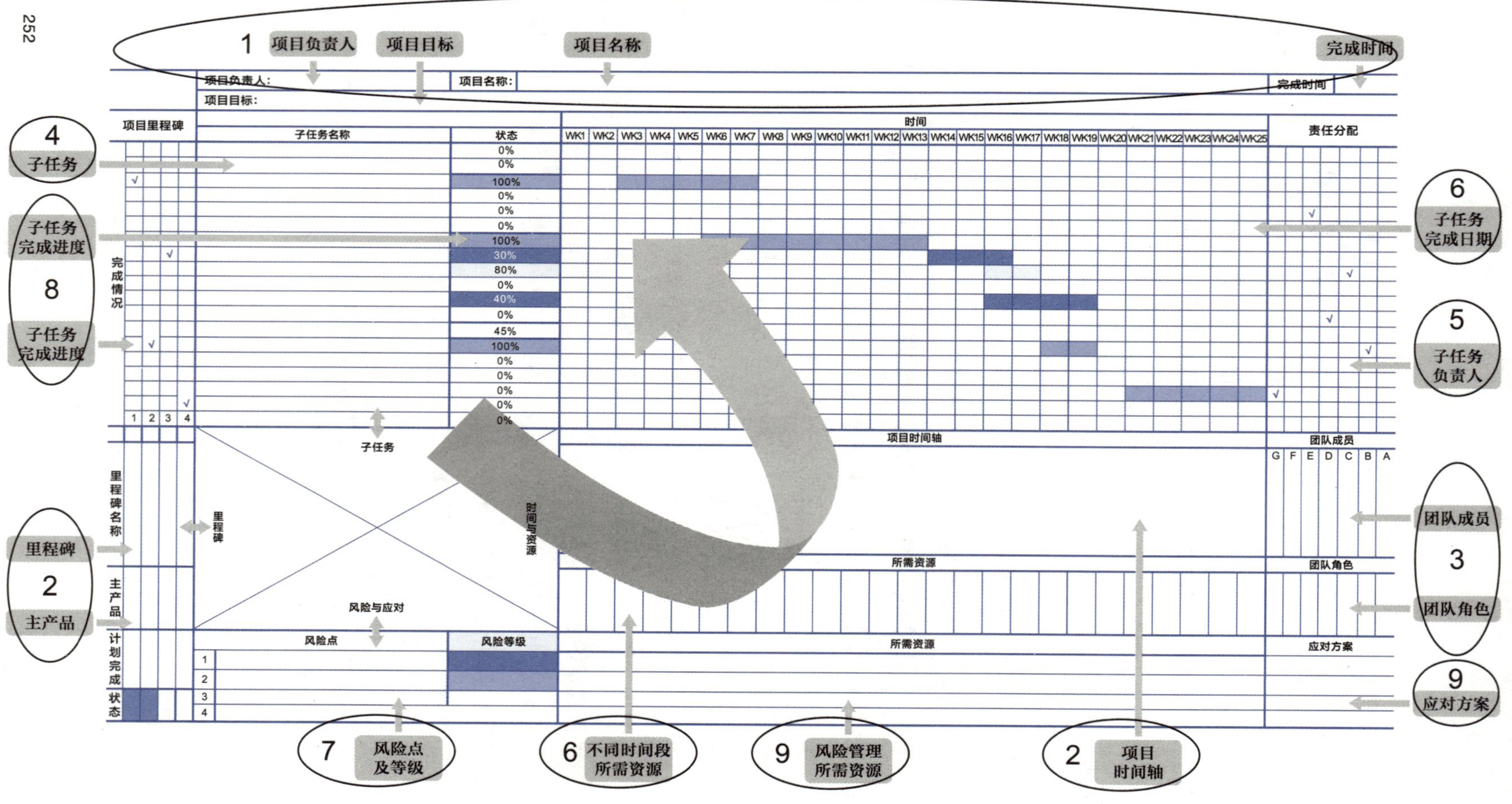

图 2–61　OPPM 完成步骤

后 记

2023 年是项目式学习进入我的工作和生活的第 16 个年头。

我和项目式学习的缘分开始于 2007 年。是年，正在读硕士研究生二年级的我以实习生的身份进入甲骨文教育基金会（Oracle Education Foundation，简称 OEF）工作。OEF 运营着一个全球性网站——ThinkQuest，全球 100 多个国家的教师和学生可以在这个网站上自由组队，用项目式学习的方式对自己关心的问题开展研究和实践。这种学习方式带给我极大的震撼。小学生可以去研究全球变暖，从未谋面的团队可以通过互联网协作开发互联网产品，中国的优秀传统文化可以通过学生的项目作品传播到全世界……学生在项目式学习中展现出来的驱动力、执行力、领导力、创新力令人惊叹。在 OEF 工作的几年彻底改变了我的教育观。经历了五年的国际基金会工作和五年的企业培训工作（包括管理亚太区项目），我更深刻地理解了项目式学习对于人才培养的重要性。

2018 年，我的孩子开始上小学一年级。我惊讶地发现，当时小学的教学方法和 1989 年我上小学时的教学方法，并没有太大变化，生活在 21 世纪的孩子仍在“20 世纪的校园”中学习。走出校园，孩子们如何面对 21 世纪社会的命题和挑战？这样的“拧巴”令人痛苦。21 世纪已经进入第三个十年，社会发生了翻天覆地的变化，学校却像处于台风眼中般，风平浪静。而作为家长的我，无力改变什么，但我想弄明白这样一个问题：如何让孩子走出“台风眼”之后可以在惊涛骇浪中活下来呢？我开始退掉不必要的课外班，为孩子腾出来一些宝贵的课外时间来参加项目式学习。“丁丁宇宙奇遇记”“地球很大还是很小”“隋唐风云桌游设计”“家庭春晚”……

这些我自己设计的项目让孩子得以了解真实世界是如何解决问题、生成成果的。我试图通过项目式、系统性的方法，协助孩子去深入研究自己喜欢的事情。这个过程中孩子表现出来的专注力和创造力超出我的想象。孩子倾注心血打造出来的项目成果，也让他自信心爆棚。

同时我开始重操旧业，为一线教师提供项目式学习师资培训，期待通过赋能学校、赋能教师，为教育生态的构建做出一点点贡献。在走访了上百所学校，培训了数万名教师后，我发现了几个看似矛盾的问题。第一，当下的教育并不缺乏先进理念。“自主学习”“探究性学习”“小组合作学习”这样的概念已经提了很多年，很多教师是“80 后”“90 后”，深知传统的课堂讲授已经无法满足人才培养的需求。可是，为什么他们还是把课上成了 20 世纪的模样？第二，教师并不缺乏学习。教育部每年会颁布若干教师培养的指导文件，省、市、区级都有各个学科的教研员。每到假期，教师的时间都会被若干培训、教研活动占据，令人叫苦连天。可是，为什么教师常常觉得自己的教学研究得不到应有的支持？第三，教师不是不了解新的教学法。近年来“深度学习”“大概念教学”“大单元整体教学”“主题性学习”“项目式学习”……各类教育名词层出不穷，令人眼花缭乱，教师也经常参加各类培训学习这些新名词。可是，为什么教师鲜少把这些新名词应用在日常教学中？

究其原因，我认为有以下几点。第一，“教育理念”是一个较为远大的目标，就像是雾里的花。教师每天忙于日常工作，更关注的是眼前要完成的急迫的教学目标，很少有时间停下来去寻找美丽的花在哪，去想如何能够穿越迷雾。所以需要有探索者去帮助教师穿过迷雾，找到前行的路。第二，目前的教师培训往往是由上级单位统一安排的，教师自己并没有选择权，因此缺乏学习热情和专注。第三，每个教学领域的“新名词”，都是教育专家潜心研究多年的学术成果，都有一套系统的方法和要素。而大部分培训只是对概念进行通识性讲解，每一个概念只讲一些皮毛，缺乏深入到落地实践的细节。因此教师在尝试将这些“新名词”应用到日常教学的课堂时，会感到没有支架，没有抓手，就像一个不会游泳的人直接跳入水中，会有无力感和恐惧感。

其实先进的教育理论都是相通的，能够把一种方法应用到极致的教师，一定能成为非常优秀的教师。因此我们在研究项目式学习落地实践的过程中，力求帮助教师完成以下几个阶段的工作。第一，将理念转化为可执行的模型。将项目式学习“引导学生聚焦真实问题的解决，以学生主动学习为中心”的理念，“翻译”为项目式学习的“4个阶段、8个模块”，使它变成一套系统、可执行的模型。第二，依据模型形成具体的行动方案。将每个模块的内容拆解为教师的教学行动方案，明确每一个环节教师该做的事、学生该做的事、该环节的产出和评价。第三，将工具作为行动方案的支架，为项目式学习中可能发生的环节设计或提供好用的工具。例如，设计核心驱动问题的时候，我们会提供“核心驱动问题设计卡”；给学生分组的时候，我们会配套“小组角色设定表”。教师并非要掌握所有工具，而要在众多工具中选择自己亲测好用的工具，持续地、长久地使用，将其作为自己“最称手的兵器”，就像关羽的“青龙偃月刀”。

如果我们把这个逻辑再进行倒叙，小工具其实可以起到撬动大系统的作用。从农耕时代到蒸汽时代，再到电气时代、信息时代、智能时代……人类历史上的重大社会进步，都是由工具的更新换代推动的。虽然教师可能还没有了解到项目式学习的全貌，但是一个小小的“核心驱动问题设计卡”就可以帮他们轻松打开项目式学习的大门。进门以后，教师会发现每个房间都有打开另一扇门的钥匙，渐渐喜欢上这个充满惊喜的地方。

基于来自一线教师的真实需求和反馈，我们于一年前开始策划这本书。我们希望为教师精选50个对开展项目式学习较为有效、好用的工具，为教师提供一个实用的工具资源库。这些工具有些是我们基于一线实践自主研发的，有些是在国际上的教学研究和实践中被广泛应用和检验过的，还有些是通用工具，不仅适合项目式学习，还适合“探究性学习”“深度学习”等其他“以学生为中心”的教学场景。在深入理解这些工具之后，教师可以将工具的使用迁移到更多的应用场景中。

在此特别感谢本书的共同作者桑国元教授和石玉娟博士，他们有着坚实的学术积淀，并对国内外项目式学习实践进行了充分研究。在此基础上，他们为本书的读者提供了具备国际视野的学习内容。

感谢北京源创教育研究院吴法源院长、泮颖雯老师和郭晓娜老师对本书的认可。他们提供了非常中肯、有价值的反馈和修改意见。感谢中国人民大学出版社对本书出版的大力支持！

希望这本项目式学习的实用工具书，成为每一位开展项目式学习的教师的案头书，为教师的教学和学生的学习提供帮助，为教育走向未来贡献一点微薄之力。

罗 颖

2023 年 3 月于北京

图书在版编目（CIP）数据

50个工具玩转项目式学习 / 罗颖，桑国元，石玉娟编著. --北京：中国人民大学出版社，2023.3
ISBN 978 - 7 - 300 - 31385 - 6

Ⅰ. ①5… Ⅱ. ①罗… ②桑… ③石… Ⅲ. ①教学研究 Ⅳ. ①G420

中国国家版本馆 CIP 数据核字（2023）第 013390 号

50个工具玩转项目式学习
罗 颖 桑国元 石玉娟 编著
50 Ge Gongju Wanzhuan Xiangmu Shi Xuexi

出版发行	中国人民大学出版社		
社　　址	北京中关村大街31号	**邮政编码**	100080
电　　话	010 - 62511242（总编室）		010 - 62511770（质管部）
	010 - 82501766（邮购部）		010 - 62514148（门市部）
	010 - 62515195（发行公司）		010 - 62515275（盗版举报）
网　　址	http://www.crup.com.cn		
经　　销	新华书店		
印　　刷	北京华宇信诺印刷有限公司		
开　　本	720 mm × 1000 mm　1/16	**版　　次**	2023 年 3 月第 1 版
印　　张	16.5 插页1	**印　　次**	2025 年 6 月第 9 次印刷
字　　数	240 000	**定　　价**	79.80 元